JN438908

개나리 노란 꽃그늘 아래

개나리 노란 꽃그늘 아래

초판1쇄 발행 2020년 3월 12일
초판2쇄 발행 2021년 1월 27일

엮은이 이양자
펴낸이 하상규
펴낸곳 새문화출판사

주소 부산광역시 동래구 안락1동 522-6
전화 051) 522-1607
핸드폰 010-5091-1607
전자우편 ha2677@hanmail.net
출판등록 2009년 12월 3일 제2009-000008호
인쇄 세종출판사 T. 051-463-5898

ISBN 978-89-964486-2 03810

정가 11,000원

개나리 노란 꽃그늘 아래

이 양 자 엮음

새문화출판사

| 엮은이의 말 |

운경芸卿 이양자李陽子

올해 제가 팔순이 되었습니다. 얼른 들어봐도 곱씹어 들어봐도 80이라는 나이가 제 나이 같지가 않습니다. 이제 80이 되니 그야말로 감개感慨가 무량無量합니다. 참으로 세월이란 유수와 같습니다. 10대도 20대도 30대도 40대도 50대도 60대도 70대도 저의 인생에서는 다 지나가 버렸습니다.

중국의 시인 소동파蘇東坡는 흘러가는 세월은 마치 구렁으로 들어가는 뱀과 같아 미처 잡을 수 없다고 하였습니다. 사람의 힘으로는 붙잡을 수 없는 그 세월, 뱀처럼, 앞으로도 세월은 계속 흐르고 흘러 어느새 2020년이 되었고. 30 년 후에는 바야흐로 2050년도 찾아올 것입니다.

소년은 동심을 잃은 장년이 되고 청년은 청춘을 빼앗긴 노년이 되리란 것을 우리는 압니다. 하지만 야속하게 흐르는 세월에게 그저 잃고 빼앗기기만 하지는 않을 것입니다. 우리 모두는 되돌아보면, 소중한 추억들을, 귀중한 인연因緣들을 빼앗긴 청춘의 대가로, 한 아름씩 안고 있을 테니 말입니다.

지나간 그 숱한 세월 속에 여기 저의 30대의 몸 떨리는 아름다운 추억들이 있습니다. 서울여상에서 교사로 근무했던 세월 7 년여의 시간 속의 이야기와 추억들입니다. 법정 스님은 "겨울 산이 적막한 것은 추위 때문이 아니라 거기 새소리가 없어서 일 것"이라 했습니다. 새소리는 생동하는 자연의 소리일 뿐 아니라 생명의 흐름이며 조화요 그 화음이기 때문입니다. 그런데 그 시절 그곳에선 정말 아름다운 갖가지 새소리로 가득했습니다. 그 어리고 가냘프고 약간은 슬프고 곱고 활달했던 새들은, 이제 모두 당당히 어미 새로 성장하여 저마다 자신감 넘치고 아름다운 성을 쌓았습니다.

그러고는, 고맙게도 30 년의 세월이 훨씬 지난 어느 날에 나를 찾아 왔습니다. 서울여상 교화인 개나리 노란 꽃그늘 아래 지저귀던 작은 새였던, 열아홉 스무 살의 앳된 소녀들이었던 제자들이 "선생님 저희도 이제 환갑이 되었습니다." 라면서, 옛 스승인 나를 잊지 않고 찾아주었습니다. 그땐 30대 중반이던 선생님은 이제 팔순이 되었습니다.

그래서, 우리는 우리들의 감성적이었고, 아팠고, 괴로웠고, 즐거웠고, 의미 깊었던 그 시절을 추억으로 재생해내어, 우리들의 인생 이야기를 모아보기로 하였습니다. 이렇게 만들어진 것이 바로 이 작은 책입니다.

"자기가 태어나기 전보다 세상을 조금이라도 살기 좋은 곳으로 만들어 놓고 떠나는 것 … 자신이 한 때 이곳에 살았음으로 해서, 단 한 사람의 인생이라도 행복해 지는 것, 이것이 진정한 성공"이라고 갈파한 랄프 왈도 에머슨의 말처럼, 우리는 매일 매일의 삶속에서 성공을 축적해 갈 수 있습니다. 성공은 결과가 아니라 과정인 것을 깨닫습니다. 나의 작은 말이나 글이 제자들에게 조그마한 희망이나 작은 길잡이의 가르침이 되었다면, 그것으로 나는 행복합니다.

세월은 변해가도, 오랜 풍파 속에서도 늘 그 자리를 지키는 등대 같은 '나'이고 싶습니다. 우리의 마음은 혼과 함께 하는 연륜의 저묾 속에 아득한 추억으로 물들 것입니다. 따뜻한 미소나 다정한 한마디 말이라도 아끼지 아니하며, 언제나 경청하는 자세를 견지하며, 마음을 담은 칭찬과 배려를 실행하는 삶을 나의 제자들과 그리고 세상 사람들과 함께하겠습니다. 이 작은 것들이 우리들 삶의 방향을 바꿀 수 있음을 확신하면서….

40 년이라는 긴 세월이 지나 과거를 회상하는 글들이다 보니 스승을 생각하는 뜻에서 다소 과장이 되거나 과찬이 된 듯도 합니다. 나도 교사로서 나름대로 잘 하고자는 했지만 그렇게 칭찬받기에는 고맙기도 하나 민망한 마음이 가득합니다.

바쁜 삶의 일정 속에서도 예쁜 원고들을 경향 각지에서 또 세계 각국에서 보내준 제자들에게 깊은 감사의 마음을 전합니다. 사이사이 끼워 넣은 시는 저의 시집에서 발췌했습니다. 그리고 표지화와 책 사이사이 삽화는 49회 이영신 군이 그려주었으며, 원고의 마지막 손질은 수필가로 등단한 이경옥 군이 해주었습니다.

많이 고마워~ !

2020년 입춘지절에 이 책을 엮고 쓴 이양자

| 표지와 삽화 화가의 말 |

이영신
(서울여상 49회)

꿈꾸는 여인의 비망록

꿈을 찾아 집을 나섰습니다.

석양이 비취는 어느 날 너무 멀어져서 다시 돌아오는 길을 잃지 않도록 추억의 길옆에 아름다운 꿈이 담긴 조약돌을 하나씩 놓고 왔었습니다.

이제 그 놓고 갔던 조약돌을 다시 하나하나 집어 들고 벗 삼아 집으로 돌아가고 있습니다. 꿈은 기다림이었나 봅니다. 이른 봄, 그 햇살을 받으며 새싹이 움돋길 기다렸습니다.

빗방울 떨어지는 우산 속에서도 더욱 견고하게 짙어질 나의 숲을 기다렸습니다. 겨울엔 꽃이 피길, 여름엔 비가 개이길 기다렸습니다. 푸르름을 보며 땀이 씻겨지길 기다렸습니다.

그러고도 누군가가 내 옆에 있어주길 기다렸습니다.

무더운 어느 날 우연히 잎이 무성한 나뭇가지 속을 들여다보게 되었습니다. 거기 나뭇가지 깊은 곳에 올망졸망 이름 모를 작은 새들이 보금자리를 틀고 있었습니다. 여러 마리였습니다. 평안함과 안전함을 누리기라도 하듯 말입니다.

고개를 돌려보니 내게도 커다란 숲이 둘려져 있었습니다.

나는 점점 작아져서 저 새 중의 하나가 곧 내가 된 듯합니다. 봄, 여름, 가을, 겨울, 사계 모두가 내게 베풀어진 선물이었습니다. 따가워서 가리웠던 봄빛은 이내 꽃을 피웠고, 여름비가 내리면 신록은 더욱 푸르렀습니다.

가을바람은 내게 먼 나라 얘기를 전해주었습니다. 겨울 얼음장 밑에서 올라오는 생명의 숨소리도 가만히 내 친구가 되어 주었습니다. 빛과 바람, 빗소리와 새소리, 함께 울고 웃던 가족과 재잘대던 친구들, 이 모두가 우리들에게 선물이고 축복이었습니다.

숲은 언제나 거기 그렇게 있었습니다.

그 속에서 한 작은 새는 한층 키가 자란 숲 그림 앞에서 더욱 더욱 더욱 작아집니다. 꿈은 기다림이었습니다. 무엇을 기다렸는지.

숲 속에 난 그 길을 지나보니 그 속에 우리가 있습니다.

차례

봄

여름

가을

겨울

봄

개나리 노란 꽃그늘 아래 1

봄

신비하여라

죽은듯한 가지에서도
생명의 물줄기 올라
봄 볕 따라
꽃망울을 틔우고….

놀라워라

벚나무 가지마다
분홍으로 조화부리며
탱글 탱글
터질듯 부풀어 올라

사춘기 처녀의 가슴처럼
순수하고 곱게
봄맞이를 하고 있는…,

아름다워라
꽃피우는 모습

이양자

01

서울여상 제자들과의 인연

경남여고를 졸업하고 서울로 유학을 했다. 여성도 생활력을 가지고 혼자가 되도 살아갈 수 있는 길은 교사가 첩경이라는 아버지의 뜻에 따라 서울대학교 사범대학 역사교육과에 진학했다. 졸업 후 우수한 성적으로 교사자격증도 따고 바로 영등포 여중 교사로 임용되었다. 그리고 동시에 서울대학교 일반 대학원 사학과(동양사 전공)에도 합격했다. 공부해야 한다는 열의와 소망 때문에 한학기도 채 채우지 않고 감히 나는 교사직을 사임하고 대학원 공부에만 열중했다.

대학원 2년 기간 동안에 공부도 공부였지만 평생의 반려가 될 남자를 만났다. 무엇보다 학문적으로 의기가 투합했고, 어떤 의미에서는 동지적 결합이었다. 그러나 아주 가난한 고학생이었다. 결혼 후 생활은 어려웠고 생장환경에서 오는 성격적 차이도 있었지만 잇달아 세 아이를 낳아 기르는 동안 여러 가지 애로점이 뒤따랐다. 서울대 교수로 남고 싶어 하는 남편은 5 년이나 무급조교를 하면서도 견디어 내었으니 우리들의 경제 사정은 상당히 어려웠다.

그러던 차에 셋째를 낳은 뒤 그는 결국 서울대에는 교수로 남지 못하고 한양대학교 전임교수가 되었다. 그리고 나도 서울 여상에 시간강사로 나가게 되었다. 1971년 2학기부터 일주일에 사흘 정도 서울 여상에 나갔다. 수유리에 살았으니 서대문에 있는 여상까지는 한참 걸렸다. 2 년여를 시간 강사로 다녔는데, 그 학교 역사 선생님이 미국으로 이민을 가게 되어 나는 그 자리에 들어가게 되었다. 그것이 1974년 3월이었다.

그 이후 1979년 말까지 꼭 6 년간 서울 여상에서 전임교사로서 국사와 세계사를 가르쳤고 담임도 했다. 이 6 년이란 기간은 내 나이 34세에서 39세 까지의 세월이었다. 그 당시 나는 생활도 풍족하지 못하였고, 힘든 세월이었으며, 애들도 초등생이거나 유치원생이었고, 남편은 늘 논문을 쓴다고 밤을 새우기 일쑤였던 세월이다. 시골서 온 어린 처녀가 우리 집안일을 도와주었다. 그런데 내가 만난 서울여상 학생들도 항상 힘들어 보였고 불만스럽고 쪼들려 보였다. 머리는 뛰어난데 가정환경이 따라주지 않는다는 마음 아픈 사연이 내재 되어 있었다.

나의 힘듦과 학생들의 힘듦은 어떤 의미에서 동일선상에서 서로 이해의 도를 높여갔다. 지친 마음을 서로 이해하고 싶었고 따뜻한 말 한마디가 서로에게 큰 위안이 될 수 있었다. 주산, 부기, 타자의 급수 그리고 체육시간에 하는 빡센(힘든) 교련 훈련, 졸업도 하기 전에 취직해서 사회로 먼저 나가는 여러 가지 상황들은 아직 어린 처녀들에게 큰 위로를 필요로 했다.

그래서 학교를 떠나는 꿈 많은 그들에게 나는 이렇게 작별 인사를 해주었다.

이제 학교를 떠나는 여러분들!

풍설이 쓰라렸던 여상에서의 추억들… 그러나 무엇인가 우리의 가슴에 심어주었던 그 시절들을 이제는 다 지나치고 끝맺음하는 이 마당에서 세월의 빠른 흐름을 절감絶感할 뿐입니다.

창조하는 사람, 신념에 찬 사람, 용기 있는 사람. 그리고 이 모든 것을 실천할 수 있는 사람은 행복한 사람입니다.

"low living" 하더라도 항상 "high thinking"하십시오!

최선最善을 다해 여러분의 인생人生을 살아가기 바랍니다.

이제 헤어져야 할 시간이 가까웠나 봅니다.

내 옆을 떠나는 여러분들이여… !

그간에 그 청순한 여러분들로부터 많은 것을 배웠습니다.

결코 잊지 못할 것입니다. 잘 가십시오!

그리고 언제 어디에서 살지라도 행복하고 넉넉한 삶을 영위하여 주십시오.

안녕히….

나는 네 번 정도 담임을 맡았고, 고3을 맡았을 때는 학생들의 취직에 일희일비하며 그들을 칭찬하고 위로하면서 그들 편에 항상 서고자 했다. 그리고 마흔이 되던 해인 1980년 우리는 식구 모두 부산으로 이사하는 일이 생겼다. 한양대학교에서 학교의 불법 사항에 항의 하던 남편은 진급이 중단되었고 결국 선배교수님의 주선으로 부산대학교로 이동을 단행할 수밖에 없었기 때문이다. 나는 부산의 각 대학에 시간강사를 지내다가 1981년 동의대학교에 조교수로 취직할 수 있었다.

그 후 30여 년 동안 제자들과 나는 아무 연락을 하지 않은 채 살았다. 단지 첫 담임이었던 47회 예반 학생이던 명숙이와 애경이와는 모녀처럼 연락을 하고 살았을 뿐이다. 그러던 중 2010년 초 어느 날 연락이 두절 되어있던 49회 복희와 혜숙이 영신이 등이 블로그를 통해 찾아냈다면서 나에게 전화를 걸고는 며칠 후 부산으로 쳐내려왔다. 나는 그때 남편이 세상을 떠난 지 1년이 채 안 되는 세월이었고 그냥 혼자였다. 내 아이들 셋은 모두 결혼하여 가정을 이루고 나가 살았다.

이 우리 만남의 사건 이후 10여 년 가까이 49회 친구들과는 봄 가을로 서울이나 부산에서 만나 서로 소통하며 즐겁게 지내고 있다. 그리고 나의 블로그를 통해 50회 제자들과도 47회 제자들과도 만나 서로 소통하면서 사제지간의 정을 나누며 돈독히 지내고 있다. 전반적으로 넓혀서 생각해 보면 서울여상 출신들은 인문계 고등학교 출신보다 훨씬 사회 경험이 많고 일찍 직장생활에 뛰어들었음으로 해서 같은 나이 또래보다 철이 더 많이 들었다. 그리고 어떤 방법으로든지 공부를 더 계속했기 때문에 생활력이 강하고 사물에 대한 이해력이나 사태에 대한 판단력이 높으며 또한 서로 간에 우의가 돈독함을 느낄 수 있다.

이런 제자들을 가진 나는 가히 홍복이라 얘기하고 싶다.

내가 택하게 된 선생님이라는 길이 얼마나 고마운지 요즘은 새삼 더욱 새록새록 느낀다.

운경芸卿 이양자李陽子

02
여고시절 나의 선생님을 회상하며…

44년 전 꿈 많은 여고 2년 때 선생님을 처음 뵈었습니다.

무악재의 매서운 겨울 칼바람이 잦아들고 어느 덧 초봄 새 학기가 시작되었습니다. 2학년 예반에 배정 받고 교실에서 담임선생님을 기다리는 학생 수는 60명 정도로 요즈음보다는 훨씬 많았던 것으로 기억이 됩니다. 아침 조회시간 담임선생님 성함만 알고 우리 반 학생들은 두근거리는 마음으로 선생님을 기다렸죠. 교실 문을 열고 들어서시는 선생님의 첫 느낌은 매우 차갑고 날카롭게 느껴졌습니다. 선생님 소개를 하시고 판서를 하시는 모습이 예사롭지 않았고 말씀은 매우 빠르시고 판서 또한 달필이시면서 매우 빠르게 전달사항을 써 가시는 모습에서 강한 의지의 소유자임을 느꼈습니다.

4월초 저 자신에게 감당하기 힘든 집안일이 생겼습니다. 1 년여 편찮으시던 제 어머니가 돌아가셔서, 예민한 고2 학생인 제가 마음

둘 곳이 없어 해매일 때 마음의 어머니라 생각 할 수 있는 일이 있었습니다. 5월8일 어머니 날 행사를 교실에서 진행하는데 어머니가 오실 수 있는 학생은 어머니를 모시고 학급에서 준비한 레크리에이션, 다과 등으로 어머니에 대한 고마움을 새삼 되새기는 시간을 가졌습니다. 그날 선생님이 축하곡으로 부르신 이은상 선생님 가곡 "가고파"를 듣는 순간 억눌렀던 어머니에 대한 그리움으로 끝까지 경청하지 못하고 뒷산에 올라가서 하염없이 슬피 울었던 기억이 납니다. 그 순간 선생님께서 저를 어루만져 주시고 격려해주시던 그 때를 생각하면 지금도 가슴이 뭉클해지곤 한답니다.

교수님! 아니 선생님이라는 존칭이 저에게는 더 마음에 닿습니다. 선생님! 기억나세요? 두 명이 한조가 되어 매주 주번을 했었지요. 그때 저와 당번인 신정옥이라는 친구는 교무실에 가기를 싫어하더라고요. 활동적이지 않은 제가 1 주일 동안 교무실 가는 일은 어찌 생각하면 조심스러운 일임에도 싫지가 않았어요. 그런데 어느 날 선생님께서 "왜 명숙이 니만 오나! 혼자 당번이가" 하시더라구요. 제 생각에 선생님은 '나만 오는 게 싫으신가?'하는 생각에 제가 좋아서 하는 마음을 몰라 주셔서 서운하기도 했답니다. 상업학교에서 국사, 세계사라는 과목은 그리 중요(?)하게 생각하지 않아 수업시간이 많지 않았지만 저희에게 한 가지라도 더 가르쳐주시고 싶으신 마음으로 열강하시던 모습과 뛰어나신 유머와 달변으로 배꼽을 쥐게 하시던 선생님의 모습이 주마등처럼 떠오릅니다. 더위에 유난히 약하신(?) 선생님! 여름이면 선생님 손에서 부채가 떨어지지 않아 부채여사라고 했었지요. 지금도 더위와 전쟁은 여전하신지요? 동의대학교 학생들도 노 교수의 열정적인 가르침에 감동하였을 것으로 생각됩니다.

선생님의 어렵고 힘들었던 연애시절, 신혼생활에 대해서도 진솔하신 마음으로 "박력 넘치는 남자 너무 좋아하지 마라" 라는 함축된 말씀 공감하며 살고 있습니다. 클래식 음악 특히 모차르트를 좋아하시던 감성이 넘치시는 선생님의 각고의 시간이 지나 음악을 모르시던(?) 김종원 교수님이 모차르트를 더 좋아하는 사람이 되었다고 저희에게 말씀하시며 결혼생활 20 년이 넘어서야 남편을 사랑한다는 말을 할 수 있게 되었다고 하신 말씀에서 인생을 사는 것이 긴 여정에서 다듬어진다는 깨달음을 주셨습니다.

선생님! 기억나시는지요. 졸업식 날 말이에요.

저는 지금도 선생님께서 졸업식 날 선물로 주신 "미색의 목 티셔츠"를 생각하며 가슴 뭉클함과 뜨거움을 느낀답니다. 저는 선생님께 드릴 선물을 준비하지 않았는데 생각지 않은 선생님의 따뜻한 마음을 가득 안고 교문을 나선 저는 커다란 책임을 가슴에 담았답니다. 제가 좋아한 선생님을 2 년 동안 담임선생님으로 모신 것이

제 인생엔 커다란 행운이었습니다.

19살 어린 나이에 은행에서의 첫발을 내딛으며 사회생활이 시작되었지요. 사회 초년생으로 기라성 같은 선배들에게 배우고 동료와 경쟁하는 것이 어찌 쉬운 일만 있었겠습니까? 업무적으로 인간적으로 적응 못하여 힘들 때면 먼발치에서 늘 지켜보시는 선생님을 생각했답니다. 지금에 와서 생각하면 아무런 문제가 아님에도 경험이 부족한 초년기에는 모든 것이 저에게는 큰 문제로 다가 왔으니까요. 1997년 말 국가위기인 IMF를 겪으며 은행원에게는 큰 시련의 시간이었지요. 그 당시 재직직원의 40%에 해당하는 4,000여명 직원이 명예퇴직이라는 미명하에 은행을 떠날 때 강제퇴직 직원에 해당되진 않았지만 과장이었던 저도 많은 갈등을 하며 사직서를 제출하려 했었습니다. 그때 선생님께서 "명숙이 니는 별일 없제" 하시며 "우찌됐든 은행에서 나가라고 하지 않으면 절대 퇴직하지 말라"는 말씀에 용기와 자신감을 얻어 작성했던 사직서를 과감하게 찢어 버렸던 기억이 납니다. 선배, 동료와 경쟁에서 뒤지지 않으려 주경야독 하며, 힘들어 포기하고 싶을 때는 선생님은 내일의 1 시간 강의를 위해 3 시간 강의 준비하신다는 말씀을 생각하며 자신과의 갈등을 견뎌냈습니다. 지금의 제가 있게 하신 선생님은 진정한 제 인생에 있어 마음의 등불이셨습니다. 상업학교를 졸업하고 은행에서 직급 높은 여성 관리자로 근무할 수 있었던 제 자신을 돌아보며 선생님의 큰 가르침에 항상 감사하고 있습니다.

선생님! 교단에서 30여 년간 철없던 학생들을 아끼고 사랑하는 마음으로 감싸주시고 때론 강한 질책과 따끔한 충고를 아끼지 않으신 선생님의 크신 사랑과, 참스승이셨던 선생님을 잊지 않고 있습니다. 선생님의 학문에 대한 끊임없으신 열정, 가르침과 배움에 대한 식지 않는 정열이 八旬의 노구에도 불구하고 변함없으신 선생님을 참으로 존경합니다. 선생님께서 학문을 갈고 닦는 열정에 크게 기여하신 애증(?)의 김종원 교수님을 떠나보내시고 돌싱으로 10여 년 세월, 때론 많이 보고파 하시고, 외로워하시고 한편으로 자유(?)를 만끽하고 계시는 선생님! 해외 어려운 학생 후원, 이웃의 어려움을 지나치지 못하시고 나눔과 재능기부를 실천하시며, 제2의 인생을 멋지게 살고 계시는 선생님! 블로그를 하시며 세상과 소통하시고 함께 늙어가는 제자들과도 소통하시며 젊게 살고계신 八旬의 우리 선생님! 앞으로도 항상 건강하신 모습으로 저희 곁에 계셔주세요. 반백의 세월을 함께 소통해주신 선생님의 八旬을 진심으로 축하드립니다.

존경합니다. 사랑합니다.

이명숙 (서울여상 47회)

03
지난 날 떠나온 강가에

인왕산 중턱의 멋진 한식 건물, 서울여상에서 보낸 나의 17세 무렵을 생각하면 언제나 가슴이 뜨거워진다. '고향'이라는 휠덜린의 시 한 구절이 주는 벅찬 감동을 느끼게 되는 것이다.

> 지난날 내가 물결치는 것을 보던 서늘한 강가에
> 지난날 내가 떠가는 배를 보던 흐름의 강가에
> 이제 곧 나는 서게 되리니

아카시아향이 온통 하얗게 흩날리던 교실의 창가, 구름다리 너머 팔각정에서 울려 퍼지던 피아노 소리, 목련꽃 만발한 뒷동산의 벤치와 작은 폭포, 무악재에서 서대문을 지나 광화문에 이르는 길가에 지금은 사라진 정겨운 서점에서의 만남들, 음악이 흐르는 광화문 뉴 타자 학원에서 수없이 쏟아지는 명문장들을 타이핑하며 듣던

앤디 윌리엄즈의 러브스토리, 좁은 그 골목 사이로 수많았던 화실들, 폭죽처럼 무수히 터져 나오던 팝 음악들과 빌보드 차트, 그 때 좋아해서 지금까지도 여전히 즐겨 듣는 비지스와 사이먼 앤 가펑클. 자정을 넘어 라디오의 클래식 음악프로가 모두 끝나면 어둠에 갇혀버린 듯 막막했던 한 시 반의 적막. 친구와 교환일기를 나누던 회색 노트. 꽃 피는 봄날 눈 내리는 겨울날 교정에서 사진사 아저씨가 찍어준 귀한 흑백 사진들. 백 년이 가도 헤지지 않게 표지를 직접 만들어 친구가 선물한 책, 데미안.

그 순수하고 예민한 질풍노도의 시기에 딱딱한 주산을 붙들고 끊임없이 숫자와 싸우고 상업영어 상업법규를 배우고 자산과 부채를 나누며 손익계산서를 작성해야 했던 일, 도무지 알 수 없는 컴퓨터 언어들을 배우며 서툰 명령을 실행하던 일. 책과 싸우는 것이 아니라 타이프라이터에 앉아 열 개의 손가락에 자판을 익히려 고투하면서 더 빠르게 더 정확하게 속도를 높이기 위해 끊임없이 도전하는 일이 너무 외롭고 가혹해서 폭우에 떨어져 내린 플라타너스 잎새처럼 일어나지 못하고 자괴감에 젖어 다니는 아이들이 많았다. 게다가 비슷한 수준의 학우들 속에서 받아든 성적표는 그간 오로지 상위권 성적만으로 공고했던 자존감을 가차 없이 허물어뜨리곤 했었다.

그래도 태양은 빛나고 있었다. 입시의 부담이 사라지니 오히려 자유로웠고 대기업과 은행들이 악어처럼 입을 벌리고 우리가 쏟아져 나오기를 기다리고 있어서, 우린 마음껏 하고 싶은 것을 할 수 있는 자유를 누릴 수 있었다. 친구는 미술반으로 나는 문예반으로 각자 원하는 교실을 찾아다녔다. 그 해 가을에 열린 문학의 밤에서 서정주 시인을 모시고 마지막 순서로 내가 쓴 수필을 낭독하던 때의 떨림을 생생하게 기억한다. 항상 무채색의 옷만을 고집하시던 문예반 선생님의 절제된 삶의 모습과 인품을 흠모하였고, 반 전원을 합창단으로 만들어 방과 후 시간을 빼앗아 우리의 거센 반발에 부딪칠 때마다 밤새 홀로 술로 달래시며 결국 아름다운 화음을 만들어 내 전국 합창대회에서 수상하는 영광을 안겨주셨던 담임선생님이 계셨기에 우리의 감성은 결코 시들지 않고 살아서 꿈틀거렸다. 그때 불렀던 합창곡 Oh, Holy Night 이 울려 퍼질 때마다 지금은 돌아가신 그 분의 열정과 우리도 해냈다는 감격의 순간들로 아련해지곤 한다.

그 시절 가장 몰입했던 세계사 수업은 훗날 동의대 교수로 수많은 논문과 저서를 내신 이양자 선생님의 열강으로 시간이 어떻게 가버렸는지 늘 아쉽기만 했다. 선생님은 마치 잔 다르크처럼 진두에 서서 지적 호기심의 갈증에 시달리던 우리들을 세계사의 중심에 세워 놓고 싸우게 했고 높은 지성을 사랑하고 추구하게 만들어, 감성이 극에 달하던 시기에 선생님의 강의는 자칫 나락에 떨어질 수도 있었던 우리의 자존감을 한껏 높여 주셨다. 오랜 시간이 흐른 뒤에도 선생님의 블로그를 통해 소통하며 인생의 가르침을 받게 된 것은 얼마나 소중하고 커다란 행운인지 그 깊은 인연에 감사하고 있다.

그때 선생님께서 터뜨려 주셨던 지적 갈망의 도화선은 우리를 독서로 이끌어 손에 잡히는 대로 책을 읽었다. 안개 낀 슈바벤의 밤거리를 동경하며 걸었고 젊은 베르테르의 고뇌에 가슴앓이를 했다. 앙드레 지드의 좁은 문에선 알리사가 되어 신과 인간의 사랑에 대해 절절이 아파했고 샤르뜨르와 보봐르의 계약결혼에 반해 논쟁을 벌였다. 헤르만 헤세를 좋아해서 친구들과 만나면 늘 화두가 되었고 난해한 니체를 누가 이해하는지 조바심을 내며 경쟁하듯 문학작품들을 읽었다. 그 때 읽었던 윌리엄 서머셋 모옴의 '달과 6펜스'는 훗날 아무런 경제적 기반도 없이 대학 진학을 위해 회사를 그만둘 결정을 해야 했을 때, 그 두렵고 고독했던 망설임의 순간에 나를 지지해준 결정적인 힘이 되어주었다. 그 시절의 너무나 맑고 순수한 친구들은 지금도 내게 평생의 기쁨이 되어주고 있고, 데생을 즐겨서 책상 서랍에 늘 하얀 스케치북이 있던 그 친구는 세월이 흐른 후 미국에서 동양화를 가르치고 있다며 수채화 몇 점을 이메일로 보내왔다. 나는 몇 해 전 수필로 등단을 했다.

학교를 떠난 지 30 년이 지난 어느 해 가을 홈 커밍데이에서 우리는 놀라운 광경을 목격했다. 키다리 아저씨 같았던 훈남의 교장선생님이 아직도 현직에 계시며 환영인사를 하시던 모습과, 강단의 구석진 커튼 옆에서 구부러진 허리로 카메라를 메고 우리에게 렌즈를 맞추시던, 그 옛날 교정을 돌며 우리들의 앳된 모습을 담아주시던 그 사진사 아저씨를 다시 보았을 때의 감격은 뭐라 말할 수 없었다. 그 분이 김기창 화백의 동생이라는 걸 그때서야 알고 깜짝 놀랐고, 평생 외길을 걷는 예인과 함께 할 수 있었음에 가슴이 뭉클해졌다. 무악재 고개를 넘나들었던 머리가 하얀 선후배들이 강당에 가득 원을 그리며 그 옛날처럼 포크댄스로 정겨운 인사와 격려를 나누던 순간 우리는 하나가 되어 뜨거워졌다.

민들레 씨앗은 어디에서든 민들레꽃을 피워내듯, 흩어져 있어도 여전히 일상에서 고투하며 자신만의 꽃을 피워내 서로가 서로에게 별이 되는 꿈을 꾼다.

이경옥 (서울여상 50회)

04
다 엄마의 눈물 때문이다

고등학교 지원하면서, “부모님을 모시고 오라.”고 했다는 말에 엄마는 우셨다.

내 밑으로 동생 셋, 3년 터울 여동생, 5년 터울 쌍둥이 남동생…, 엄마는 그 당시 서울 신흥 동네에서 집을 지어 팔고 또 집을 지어 팔고 하는 소위 말하는 집 장사를 하시던 여장부셨다.

그런 엄마가, 집 장사하시면서 집도 두어 채를 쟁여놓으셨던 엄마가, 동생들이 줄줄이 셋이고 걔들이 한꺼번에 대학에 들어가면 엄마가 너무 힘들다시며, “너는 공부를 잘하니 여상을 가서 네 힘으로 대학을 가라.”며 미안하다고 우셨다. 이해할 수가 없어서 큰소리로 싫다고 화를 내며 집을 나왔지만, 막상 지원서를 작성하려고 중학교에 가니 엄마의 눈물이 자꾸 떠올랐다.

그래서 서울여상에 지원을 했고 내심 떨어지기를 바랐다. 바램과는 다르게 합격을 했고 합격을 하자마자 엄마는 후다닥 부기학원부터 등록을 시켰다. 입학 전부터 학원에서 주관하는 부기 3급 시험에 합격을 하고 타자학원도 등록을 했다. 부기는 공부니까 어찌어찌 하겠는데 타자는 좀처럼 익숙해지지 않았다. 기본! 하면 손가락을 가지런히 타자기에 얹고 고개를 왼쪽으로 돌리고 왼쪽에 놓여진 원고를 보며 타닥타닥 타다닥 활자판을 친다. 불과 몇 년 전 까지만 해도 그래도 피아노를 쳤었는데… 활자판이라니. 탁탁탁탁 소리가 거듭되면 거듭될 때마다 입학 전부터 서울여상에는 정을 뗐고 정을 떼서 그런가 자꾸 어딘가 아팠다. 학교만 보면 심장이 두근거리고 자꾸 큰 숨이 쉬어지고 어지럽고 내가 있을 자리가 아닌 것 같고 또 담임선생님은 어찌나 무섭던지… 날마다 학교 가기가 싫었는데, 마침 동네로 같은 반 친구 H가 이사를 왔다. 강원도에서 왔다며 해맑게 웃던 재치만점의 영리하던 친구… 까무잡잡하니 이쁜 얼굴에 투명한 웃음소리를 가진 친구는, 버스 정류장을 지나는 길에 있는 우리 집을, 학교 가자며 아침마다 들렀다. 명랑하던 친구에게 금방 빠져버렸고 나도 모르게 의지를 하기 시작했던 것 같다.

그 의지가 도를 넘어 (이미 그 당시 나도 모르게 앓고 있던 지병과 섞여 그랬는지 모르겠지만) 내 모든 현실에 대한 불만을 친해서라는 미명 아래 그 친구에게 과도하게 짜증을 부리며 풀어댔다. 그 친구가 워낙 성격이 착하고 잘 참고 배려심이 깊으니 내 곁에 있었을

건데도 뭘 믿고 그리 무소불위의 권력을 휘둘러대듯 못되게 굴었는지!? 그러던 어느 날 문득 목에 혹을 발견하고 병원을 전전했고 갑상선 선종이란 생소한 병과 마주했다. 혹이 큰 밤톨만큼 커져있던 상태라 급하게 입원을 하고 수술을 했다. H는 예쁜 꽃을 사 들고 나를 보겠다고 병실로 문병을 왔다. 나는 화를 내며 꽃만 사오면 어쩌냐고 꽃병도 사와야지 했다. 후안무치하고 대책 없었던 나였다.

퇴원 후 학교로 복귀하면서 새로운 친구 Y가 등교 길에 합류했다. 워낙 너그럽고 성품 좋았던 H는 내게 지쳤는지 Y와 가까워지면서도 나를 계속 잘 챙겼다. 그럼에도 나는 H가 Y와 점점 친해지는 것에 질투가 났고 Y가 미워지기 시작했다. 그때는 그 모든 예민한 심정들이 단순히 사춘기여서 그런 줄로만 알았는데, 나중에 성인이 되어서 이런저런 의학 정보와 접하다 보니 내가 앓고 있던 갑상선 선종과 관련이 있었던 듯도 하다. 갑상선 관련 증세로는 수 많은 것이 있지만 불안, 동계(빠른 심장박동), 안구돌출, 급 피로감 등등과 히스테리를 동반하는 예민함도 있었다. 마음의 평정을 가져야지라고 생각한다고 해서 없어지는 증세가 아니었다. 그냥 병 증세였던 거다. 어쨌든 의학 정보들이 그리 많지 않았던 그 당시는 그 증세와 관련 있을 거라고는 아무도 생각 못한 채 그냥 내가 성질이 까탈스럽다고만, 가족들은 물론 지인들도 생각하고 있었었다. 한마디로 지랄 맞은 아이였다.

그 둘이 가까워지면 질수록 심통이 났고 그럴수록 나와 H는 자꾸 사이가 벌어져갔다. 그러던 중 시험기간이 다가왔다. 나는 H에게 입원기간 중 못 나간 진도 때문에 노트를 빌렸다. 며칠 후 수업을 마치고 H가 노트를 돌려달라고 했다. 다음날이 그 과목 시험이었으므로 …, 노트는 가방에 있었지만 나는 집에다 두고 왔으니 집에 가서 가지고 너네 집으로 가겠노라고 했다. 옆에 Y가 있기도 했지만 나는 H네 집으로 가서 둘이만 놀면서 다시금 H와 친해지고 싶었었기 때문에 거짓말을 했다. 그 둘은 웃으며 가고 나는 따로 집으로 왔다. 대문을 열고 현관문을 들어섰는데 H와 Y가 먼저 와있었다. 슬쩍 방에 들어가서 가방에 있는 노트를 집에 있었던 양 줄 수도 있었건만 그런 주변머리는 없어서 나는 얼굴이 시뻘게지면서 가방 안에 있는 노트를 꺼냈다. 이해할 수 없다는 표정의 그녀들…. 그들은 그렇게 우리 집을 나갔고 나는 끝내 그 친구들을 잃었다.

그 후 얼마나 많은 후회와 반성을 했는지….

내 지병 어쩌고저쩌고 하는 것은 성인이 되서야 그 증세를 알고 하는 나의 합리화지 결코 그때 그 부끄러움을 지병 탓으로 돌릴 마음은 없다. 그저 부끄러운 것도 둘째다. 나는 나의 그 이기적이고 못된 지랄 맞음으로 아직까지도 잊지 못하고 있을 정도로 사랑하던 친구를 잃었다. 뿐만 아니라 짜증을 부릴망정 거짓말은 할 줄 모르던 내가 거짓말쟁이가 되던 그 순간이! 그 순간을 H는 어찌 기억할

지가 ?!

세월이 흘러 결혼을 하고 아이를 키우며 사는 중년의 나이까지도 문득 문득 그 순간이 생각날 때마다 그 부끄러움과 후회는 여전히 생생했다. 그래서 어떻게든 뒤 늦은 사과나마 꼭 하고 싶었다. 나는 그런 사람은 결코 아니라는 것을 알려주고도 싶었고, 그래서 잠깐이나마 우리가 나눴던 우정만큼은 지키고 싶었던 마음이었나 보다. 졸업 후 학교시절 친구들을 서로 수소문하고 만나고 싶어 하고 했던, 아이러브스쿨 같은 사이트들이 우후죽순 생겨나던 십오 년 전쯤 어느 날 기어이 H의 연락처를 받아들었다. 똑똑하고 야무지던 그녀는 대학을 졸업하고 선생님으로 재직 중이었다. 연락처를 받고 떨리는 마음으로 전화를 걸었다.

"나, 미자야" 라고 알리며 서로의 소식을 잠시 주고받다가 그때의 그 노트 얘기를 꺼냈다. 그 긴 시간 숙제 같았던 그 노트 얘기를…. 그녀는 "응 그랬니? 잘 모르겠다." 라며 웃었다…. "그냥 사과하고 싶었고 오해를 풀고 싶었어." 라고 이야기를 마치고 전화기를 내려놨다. 끝이다. 허무할 정도로 심플하고 무덤덤하고…, 사과를 했어도 아무 것도 변하지 않았다.

왜 난 그리 오랜 시간 돌아갈 수 만 있다면 학교에서 노트를 꺼내 줄 것을 하고 후회하고 또 후회했을까? 그 친구를 사랑해서 그런 걸까? 내가 맞닥뜨린 그 순간이 부끄럽고 또 부끄러워 그런 걸까? 분명한 건 내 잘못된 선택으로 아직까지도 기억나는 보고 싶은 이쁜 친구를 잃었다. 그 상실의 아픔이 두고두고 가식적이든 진실이든 나를 정직한 사람 따뜻한 사람으로 이끌었다. 또한 어떤 선택에 있어서도 내 입장보다는 상대편을 더 많이 생각할 수 있는 배려란 것도 조금은 갖추게 되었다. 무슨 일이든 내 바람대로 되지 않았다고 해서 누군가를 탓해서도 핑계거리를 찾아서도 안 되는 거다. 엄마의 눈물을 핑계 삼고 사춘기니 지병이니 하면서 고교 생활 첫 일 년을 나는 그렇게 후회를 쌓으며 보냈다.

이학년 올라가면서 짝꿍 창수도 만나고 짝꿍 미숙이도 만나고 또 윤옥이, 인숙이를 앞뒤 짝꿍으로 두며 내 마음은 서서히 행복해졌다. 등교 길의 짝꿍은 혜숙이가 되어 주었다. 사실 응시하면서 떨어지고 싶었던 서울 여상이었기에 학교에 대한 애정은 그다지 없었다. 그저 그 안에서 놀고 뒹굴고 웃고 떠들던 친구들이, 그 시절이 이제는 자꾸만 더 그리워질 뿐이란 생각과 항상 인자하고 따뜻한 이성구 샘과 학교 최고의 멋쟁이 이양자 샘, 그리고 머릿속을 스치는 훌륭하신 은사님들의 지도를 받을 수 있었음이 그저 행운이란 생각이, 세월이 갈수록 드는 것을 보면 나이가 들어가는가 보다. 진짜 철이 들어가는가 보다.

그리고 결국은 이 모든 것을 나의 추억으로 그리움으로 떠올릴 수 있는 학창시절을 가지게 해준 엄마의 눈물에 지금은 이렇게 나지막이 고백합니다.

'엄마 감사해요~!!!'

이미자 (서울여상 49회)

05
나의 추억, 나의 학창 시절 속으로

무악재 고개 너머로 우리의 추억은 달려간다.

당시 웬만한 고등학교에는 없었던 - 물론 대학보단 작았지만 - 팔각정을 향한 경사로 왼편으로 펼쳐져있던 캠퍼스는 우리의 자랑이었다. 그 안에서 우린 각종 행사와 축제를 벌였었다. 그리고 교련… 중학교 때 제법 공부 좀 했었다는 대부분의 우리들이었기에 상업고등학교에 진학을 했어도 인문학적인 기질이 농후했던 우리들에게 칼날 같은 절도와 어느 때는 기계 같은 움직임을 강요 했던 교련은 어쩌면 또 하나의 시련이었다. 그러나 우리가 연단을 향해 경례할 때, 우리가 줄에 맞춰 회전 할 때 지켜보시고 연단에 서 계시던 경례를 받아주던 멋진 선생님 - Mr. Gray는 우리의 우상이자 나의 첫사랑이었다.

당시 주로 혼자서 정신적으로 방황하며 아픈 가슴을 안고 교정이리저리를 떠돌아다닐 때 어느 날 우연히 도착한 교무실 뒤쪽 산밑 벤치, 그 때 Mr. Gray가 나타나셨다. 나는 정말 우연이라고 생각했다. 그런데 그 선생님께서 내게 이런 저런 이야기를 붙이시는 게 아닌가! 그 후로도 나는 기대 반, 스스로 달래는 맘 반으로 가끔 그 곳을 찾았다. 그런데 그 때마다 그 선생님은 그 곳에 나타나시는 것이었다. 그 이후로 나는 매주 꽃을 사서 그 선생님 책상 위에 꽂아두었다. 그리고 그 때부터 시작된 나의 편지…, 아마도 2,3일 간격으로 편지를 써서 그 선생님 책상 위에 이른 아침에 놓고 나왔다. 아마 그러기를 수십 통…, 그러다 취업을 하게 되었고 나는 더 이상 편지를 쓰지도 찾아뵙지도 않게 되었다. 너무나 아름다운 추억이었지만 고등학교 캠퍼스 추억으로 그냥 거기에 그대로 아름답게 시들지 않는 한 떨기 꽃으로 남아있기를….

정문으로 들어가 왼쪽으로 긴 경사로를 따라가면 본관 오른쪽 제일 위에 팔각정이 있었다. 그 나선형 계단을 오르내리며 우리는 여고생의 순수하고 아름다운 우정들을 쌓아갔다. 나는 원래 감수성이 예민하고 풍부했던 탓인지 유달리 혹독하고 괴롭고 지독한 사춘기를 그 교정에서 겪어 냈다. 나 자신, 가족, 학교, 사회, 나라, 세계적인 문제 등 온갖 세상의 번뇌와 고뇌들을 짊어지고 가슴으론 아파하고 머리로는 괴로워했던 정말 힘들었던 그런 나를 옆에서 묵묵히 바라봐 주던 친구, 나와는 좀 달랐지만 사춘기의 고뇌와 가정적 문제로 번뇌하며 나와 같이 아파해 주던 친구, 8~90년대 당시 세계를 휩쓸던 Worldwide Pop Music에 완전히 미쳐 있었던 나와 그 당시 거의 최고로 감미로웠던 'How deep is your love' 를 이어폰을 같이 끼고 음미하면서 시와 에세이를 나누며 거의 매일 같이 편지를 주고받았던 친구 - 그 친구는 아직도 몸매, 걸음걸이, 그리고 시를 읊는 듯 한 자근자근하고 조용한 촉촉한 말소리를 가지고 있다.

또 데미안을 연상시키는 독일적 지성미가 풍기는 J - 그녀완 주로 헤르만 헤세를 얘기했지만 그녀는 그녀 나름의 번뇌에 싸여 있었다. 또 다른 친구 Y는 말 많은 나와 정반대로 말이 없고 과묵한 친구였지만 늘 묵묵히 내 곁을 지켜 주었고 내가 가벼운 교통사고가 났을 때 고맙게도 병원까지 문병 와 준 친구였다. 그들 대부분이 독일문학에 심취했었듯 대부분은 독일어과에 진학했고 거의 다 잘 살고 있지만 나는 더 이상 그들을 만나지 않는다. 그들의 가는 길과 나의 길이 너무나 다르기 때문이다.

그런데 그런 대부분의 학생들이 존경하고 흠모했던 선생님이 계셨다. 당시 여자분으로선 비교적 크신 키에 그 이상과 지성미도 크셨던, 교양미 넘치시던 그 분이 세계사를 열강 하실 때면 많은 학생들이 거기에 심취하였다. 그 박학하신 지식과 열정에 감동받아 선생님을 많이 흠모하고 좋아했었던 것으로 기억하고 있다. 나도 물론 그런 면에서 선생님을 존경했지만 다른 아이들처럼 나서서 좋아하지는 못했다. 그 분이 바로 이양자 선생님, 우리들의 이상이자 우상이셨다.

나는 당시 급수도 늦게 땄고 공부도 잘 하지 못했지만 돈과 숫자 놀음하는 은행엔 정말 가기 싫어 대기업에 취업했다. 전무 비서로 있으면서 만 2 년을 다녔지만 당시 굉장히 잘 나가던 오빠가 야간대학 가지 말고 캠퍼스의 낭만도 맛보아야 하니 꼭 주간대학을 가라고 했다. 그때 나는 야간 대학을 다니기 위해 일본 계열의 외국인 회사였던 신도리코에 취업이 되었기 때문에 직장을 다니면서 야간 대학에 다닌다고 극구 주장했지만 오빠는 학원비며 등록금이며 모든 비용을 다 대줄테니 직장을 그만 두고 공부하라고 했다. 어쩔 수없이 회사를 그만두고 입시를 준비했으나 집에 좀 문제가 있어 너무 방황을 한 나머지 별로 이름 없는 2차 대학에 들어가게 되었다. 그런데 거기서 내 전남편을 지인의 소개로 만나게 되었고 현실도피용으로 한 결혼은 그리 오래 가지 못했다. 결혼에 인생의 모든 것을 걸었던 내게 그것은 큰 충격이었고, 모든 것에 회의를 느낀 나는 노자의 도덕경을 읽으면서 '도'에 관심을 갖게 되었다. 도덕경을 독파했던 나는 또 다른 큰 도인 불교의 도에 관심을 갖게 되어 깨달으신 큰 스님 법문을 들으러 오랫동안 다녔다. 큰 스님께서는 나를 보고 '불교에 대한 이해가 상당히 깊다'라는 평을 해 주셨다.

그리고 이제는 세계의 어려운 사람들을 돕기 위해 국제적인 NGO 활동을 하며 봉사하는 삶을 살고 있다. 학창 시절이 하나의 추억으로 마음을 스쳐 간다. 팔각정의 나선형 계단을 뛰어 내리며 우리의 우정과 추억과 때로는 사랑이 웃음꽃처럼 퍼져 나간다….

완전한 사랑

허공을 맴돌다 지친 어느 영혼이
우주 저 편에서 기다리는
또 하나의
시공을 초월한 방황하는 영혼
태초에 엉켰던 카오스처럼
하나가 둘이 되어
온 세월을 유영하다
이제는 새로운 창조로
다시 만나 합일을 이루는 순간
그를 위해 얼마나 많은 고통과 기다림이
얼마나 많은 용서가 있었을까

문혜진 (서울여상 50회)

06

기억 창고

단단히 봉인해서 세월의 창고 안쪽으로 쭉 밀쳐놓은 기억이었다. 굳이 반추할 일 없는 기억이기도 했다. 어느 날 TV에서 문득 어느 관광지의 근대 박물관 영상을 보게 되었다. 허름한 간판과 구멍가게들, 작은 집 마당에는 빨래 줄이 매어져있고, 아궁이 있는 부엌이 있다. 어렵던 시절의 소박한 풍경에 처음엔 웃었는데 곧이어 정겹고 마음이 푸근해지는 것이었다. 저런 영상만으로도 이렇게 좋은데 왜 나의 지난 시절은 그렇게 추억해보지 않는 것인지, 그것은 아마도 나의 삶에 대한 사랑이 부족하기 때문이 아닐까하는 자각이 비로소 들었다.

초등학교 4학년 때부터 내 멘토가 되어주었던 사촌오빠는 일부러 지방에서 올라왔다. "넌, 충분히 일류대학도 장학금 받고 갈 수 있을 거니까 인문계로 진학하라"고 권유했다. 대학교 장학금이 아주 귀하던 시절이어서 자신의 능력에 대한 의문이 들었다. 집안을 생각하지 않을 만큼 난 이기적이지가 못했고 어리고도 여렸다. 숲 속에 난 두 갈래 길에서 그때 가지 않았던 길에 대한 미련은 깊어져 갔다.

서울여상은 명문이었지만 특히 우리가 입학했던 전후 몇 년간 최고의 커트라인을 기록했다. 중학교 담임선생님께서는 수석 입학을 노려보라고 목표를 주셨지만 난 열심히 분발하지는 않았었다. 그렇다 해도 성적순으로 발표된 합격자 명단에서 수석은커녕 10%를 지난 위치에서야 내 이름을 찾을 수 있었던 건 큰 충격이었다. 하지만 기분만큼은 좋았었다. 내가 다닌 중학교는 전교생 수가 2천명도 넘었고 학업 성취도도 상위권인 학교였었다. 고등학교에 입학해서 내 성적은 반에서 1등을 해본 적도 있지만, 중학교 때의 전교 석차보다도 못한 반석차가 나오곤 해도 놀랄 일은 아니었다. 성적은 그야말로 널뛰듯 위아래로 춤을 추었다. 상업 3과목과 예능 3과목의 힘이었다.

초등학교 6학년 때 훌륭한 담임선생님을 만났었다. 선생님께서 아무 대가 없이 방과 후 1시간씩 주산을 열심히 가르쳐 주신 덕분에, 이미 4급 실력을 갖추고 있었다. 주산은 쉽게 할 수 있었고 부기도 수업만으로도 충분했다. 타자 학원은 학원비가 싸고 학생 수가 적어서 대기하지 않고 바로 입실할 수 있는 곳으로 다녔다. 대신에 타자기의 성능이 형편없었지만, 학원에서 황금시간을 허비하며 기다리는 것을 참아낼 자신이 없었다. 학교의 타자기도 상태가 썩 좋지는 않았다. 좋지 않은 성능을 빠른 속도와 정확함으로 보충했다. 5개월 등록으로 영문 2급과 한글 3급의 자격증을 취득한 나는 스스로도 만족스러웠다. 나의 약점은 예체능 실기시험이었다. 예체능은 공부를 못하는 아이들이 잘 하는 거라는 선입견이 있었는데, 공부를 잘 하는 학생들이 예체능도 잘할 줄이야… 상업과목 외에 음악, 미술, 체육까지도 잘 하는 친구들이 많아서 신기하고 얄미울 지경이었다.

친구들은 우수한 성적임에도 가정 형편상 입학한 경우가 많았지만, 여러 가지 다른 이유로 진학한 친구들도 꽤 있었다. 서울 전역과 심지어 경기도에서 등교하는 경우도 있어서 통학거리까지 멀어, 친구들에게 어려움을 하나 더해주고 있었다. 학교에는 각종 행사도 많았고, 교과과정이 흥미롭지 않아서 친구들의 불만은 높아만 갔는데, 난 사실 그 불평들에 더 피곤해지곤 했다. 최고의 인기수업은 단연코 이양자 선생님의 역사 시간이었다. 키 큰 선생님께서는 칠판의 왼쪽 위부터 오른쪽 아래 끝까지 달필로 빽빽하게 판서를 하셨다. 가르쳐주고 싶은 게 너무 많으셔서 강의 속도는 늘 빨랐고 수업은 일찍 시작해 늦게 마치곤 했다. '가고파'를 멋지게 부르셨는데 잊지 못하는 건 나 뿐만은 아닌가보다. 선생님은 우리들의 정서함양을 위해서도 많은 이야기를 해주셨다. 결혼 생활 이야기에서도 교훈적인 내용을 많이 들려주셨다. 그 선생님이 담임반인 아이들이 정말 부러웠었다.

돌이켜보면 그 시절이 그렇게 나쁘기만 했던 건 아니었다. 인왕산자락에 자리한 교정은 풍취가 뛰어났고 학교 건물은 건축미가 물씬했다. 학교엔 최고 수준의 선생님들이 자부심을 갖고 포진해 계셨고 감탄이 나오게 하는 친구들이 넘쳐났다. 그때 우리 학교는 2부제 수업이어서 2부제 학생들에게 교실을 비워줘야 했기에, 학교생활은 늘 더 바빴다. 게다가 은행에 일찍 취업이 확정되어 3학년 때는 3개월만 등교했다. 그래서 친구들을 많이 사귈 시간이 부족했던 것이 가장 큰 아쉬움으로 남는다. 요즘 젊은이들 취업하기가 참 어려운데, 지금 생각해보면 고등학교 3학년 1학기에 은행에 취업을 하다니 환상 같은 일이다. 입학 자체가 좋은 회사에 취직을 보증하다시피 했다. '은행대출이 하늘의 별따기'였던 시절 '은행의 꽃'이라던 심사부에 발령을 받았다. 심사 부는 대출심사를 하는 부서로, 중요한 업무에 신입사원이 투입된 것을 보고 직원들은 눈이 휘둥그레졌다. 입사성적이 얼마나 좋아서 여길 왔느냐고 했다. 그것보다는 학교 선배들이 쌓아온 덕으로 순조로운 출발을 시작할 수 있었다.

몇 해 전에 가까운 친구가 이양자 선생님께서 제자들 만나러 서울에 오시는데 일박을 하러 꼭 같이 가자고 했다. 동창생 3명이 부산에 사시는 선생님을 뵈러 무작정 내려갔었고 그 후 모임이 이어진다고 했다. 그렇게 선생님을 찾아간 친구들은 배울 점이 많은 친구들일 거라고 생각했다. 35 년의 세월을 뛰어넘어 만난 선생님과 얼굴도 잘 기억나지 않는 여러 친구들과의 일박은 꿈같기만 했다. 선생님은 대학으로 옮기신 후 강의를 하시다가 몇 해 전에 퇴임을 하셨지만, 거목의 큰 그늘은 넉넉하기만 했고 선생님께서 주시는 감화는 끝이 없었다. 선생님을 뵈면 꼭 여쭈어보고 싶은 게 두 가지 있었다. "어떻게 그렇게 열강을 하실 수 있었냐"는 질문에 빙그레 웃으시더니 "내 강의를 너희들이 초롱초롱한 눈으로 제일 열심히 들었다."고 말씀하셨다. 그 냉전의 시대에 어떻게 중국사를 전공할 생각을 하셨냐는 질문에 "아버지께서는 나를 박사로 키우려고 하셨다."고 답변하셨다. 선생님은 고교 교사로 학생들을 가르치면서도 공부를 놓지 않고 결혼 후에도 열심히 노력하셨다는 걸 알게 되었다. 우리들이 힘겨웠던 그 시절에 선생님께서도 한창 바쁜 시기를 열심히 살아오신 걸 알게 되었고, 세대를 뛰어넘어 이해의 폭이 넓어졌다. 그 후 여러 번의 일박 모임과 부산 선생님댁 방문도 있었다. 그 특별했던 추억들과 선생님과의 인연의 끈에 감사한다.

선생님께서 담임 맡으셨던 반 졸업식에 주셨다는 글을 이번에 읽어보게 되었는데 지금 보아도 눈시울이 뜨거워진다.

> "창조하는 사람, 신념에 찬 사람, 용기 있는 사람, 그리고 이 모든 것을 실천할 수 있는 사람은 행복한 사람입니다…. 'low living' 하더라도 항상 'high thinking'하십시오. 最善을 다해 여러분의 人生을 살아가기 바랍니다. 언제 어디에서 살지라도 행복하고 넉넉한 삶을 영위하여 주십시오."

일부분을 다시 적어보았는데 얼마나 제자들을 깊이 사랑하고 좋은 말씀으로 축복해 주셨는지 그 마음이 전해진다. 나도 졸업식 날 저렇게 아름다운 글을 받았더라면 살아가는 데 큰 지침이 되었을 것 같다는 진한 아쉬움이 남는다.

선생님의 팔순을 축하드립니다. 앞으로도 건강하시고 열정적인 모습으로 제자들과 함께 해 주십시오.

강금희 (서울여상 49회)

07

방황의 여로旅路

먼저 이양자 선생님의 팔순기념 출판을 축하드립니다!

서울여상을 졸업한지도 벌써 40 년이 다 되어갑니다. 수십 년이 지났음에도 불구하고, 선명하게 떠오르는 아름다운 교정! 한국의 古典美를 풍겨주었던 본관 건물, 음악실이 있었던 구름다리 너머의 팔각정, 그 팔각정에서 음악 실기시험을 위해 노래 부르던 날! 고운 목소리가 전혀 아닌데도 불구하고 여고생의 고운 감성의 노래가, 젊은 총각선생님에게 전해졌는지 저는 그날 전무후무한 A+를 받게 되었습니다. 너무도 기뻤습니다! 40 년이 지난 그 기뻤던 날을 회상하며 내 마음에 그리운 노래, 이은상 작사 채동선 작곡의 '그리워'를 불러봅니다.

그리워 그리워 찾아와도
그리운 내 님은 아니 뵈네.

들국화 애처롭고
갈꽃만 바람에 날리고
마음은 어디로 붙일 곳 없어
먼 하늘만 바라본다네.

눈물도 웃음도 흘러간 세월
부질없이 헤아리지 말자
그대 가슴엔 내가
내 가슴에는 그대 있어
그것만 지니고 가자꾸나.

그리워 그리워 찾아와서
진종일 언덕길을 헤매다 가네.

그리고 너무도 열정적이셨던 이양자 선생님의 세계사 수업에 눈과 귀가 반짝이었던 기억도 스쳐지나 갑니다. 상업고등학교라는 타이틀에 갇히어 생소한 상업 교과들을 배우면서 몹시도 안타까움과 지적 갈증에 목말라 있을 때, 그때 이양자 선생님의 수업은 우리들의 메마른 지식을 가득 채워 주셨고, 푸르른 꿈을 가질 수 있도록 이끌어 주셨습니다. 선생님께 너무나도 감사드립니다.

아름다운 여고시절에 저는 사회인이 되기 위한 준비를 위해 다 익히지도 못한 열매를 떨구어야 했습니다. 가까스로 졸업하고 어렵사리 시작했던 사회생활도 1 년 만에 종지부를 찍으며, 그때부터 2 년간의 어두컴컴한 재수생활을 하다가, 고2 때부터 법정스님의 '서 있는 사람들' 책을 보아오면서 동경했던 또 다른 세계의 갈망으로, 한 치의 망설임도 없이 山에서의 修行生活을 선택하게 되었습니다. 처음부터 그곳은 別世界일 것이라고 바라며 다가갔던 저의 기대는 또 다시 산산이 부서지고, 3 년간의 방황만 감아 돌다 결국 제자리로 돌아오고 말았습니다.

제 몸뚱이만 덩그러니 놓여진, 초라해져 보이기만한 자신과 마주하면서 어느 날, 조계사 법당에 앉아 그 얼마나 울고 또 울었는지…, 그런데 그 울음이 끝나는 순간에 내 마음은, 그동안 버거웠던 무거운 짐이 사라져 버린 듯한 신비함을 느꼈습니다. 그토록 번뇌와 갈등에 휩싸여 아득한 안개길만 걸어왔던 山寺에서의 생활에선 볼 수 없었던, 느낄 수 없었던 종교의 세계가 제 마음속에 조금씩 조금씩 천천히 다가오는 것만 같았습니다. 그리고 나서 또다시 저에게 다가온 새로운 世上, 장애자 특수학교 기숙사에서의 3 년간의 생활, 지금도 잊을 수 없는 순수하고 맑은 영혼의 얼굴이 떠오릅니다. 24 시간, 365 일을 세 번이나 함께 생활하고 지냈던, 인선이, 승은이, 선정이, 미연이, 정민이…, 정말이지 너무도 보고 싶습니다.

재수시절, 마음이 터질 것만 같은 답답함이 몰려올 때, 저는 어느

샌가 책이 가득한 무거운 가방을 든 채 이름 모를 조용한 山寺를 기웃거리고 있었습니다. 가을이 깊어가는 어느 날, 아름다운 정자에 앉아 강물이 흐르는 것을 무심히 바라보고 있을 때에 뒤에서 무슨 소리가 들려왔습니다.

"그 풍경 참 멋있네…." 하면서.

가을이 지나가는 계절에 낯모르는 스님을 만난 이야기를 음악 프로그램 방송에 써서 보냈더니 상품으로 볼펜과 만년필을 보내왔습니다. 저는 그 상품을 들고 다시 그 스님을 찾아 갔고, 우리는 그렇게… 시작이 되었습니다. 만나자마자 이별이란 말이 저에게도 다가든 채, 그 스님은 공부하러 일본에 가셨고 어느 날 일본의 어느 불교대학이라고만 하고, 세세한 주소가 씌어져 있지 않은 엽서 한 장만을 덩그러니 받아볼 수가 있었습니다. 잘 지내냐는 한마디 말만 쓰이어진 채. 저는 그 대학 엽서를 들고 무조건 일본 대사관을 찾아가 주소록에서 주소를 찾을 수 있었습니다. 그렇게 해서 우리의 Love letter는 10 년이라는 시간을 아름답게 매우면서 잃었던 인연을 소중하게 되찾을 수 있었습니다.

세월은 흐르고 흘러, 지금은 26 년째 일본에서 신랑스님과 예쁜 두 딸과 알콩달콩 잘 살고 있습니다. 한국에서 장애자 시설에서의 깊은 인연으로 지금 이곳에서도 '사계절의 숲'이라는 장애자 시설에서 6 년째 봉사하는 마음을 잃지 않으며 생활하고 있습니다. 끝이 없을 것 같았던 저의 방황의 여로는 제게 타인을 깊이 이해하고 감싸줄 수 있는 마음자리를 갖게 해 주었습니다. 영원히 변하지 않는 순수한 영혼과 마주할 때마다 한국에서의 맑은 친구들을 떠올리며 하루하루 성심껏 열심히 살아가자고 다짐해봅니다.

해마다 新年이 되면 저의 메모 노트에 다시 옮겨 적곤 하는 윤동주님의 서시의 한 구절처럼, 죽는 날까지 하늘을 우러러 한 점 부끄럼 없도록 제게 주어진 소중한 길을 걸어가고 싶습니다.

일본 오사카에서 김은환 (서울여상 50회)

08
해운대 바다와 남산 문학의 집

나는 이양자 선생님께 여고시절 수업을 받는 특권은 누리지 못했다. 여고시절 나의 기억 속에 선생님은 저만치서 매우 완벽하신 모습으로 서계셨다. 단 한 번도 선생님과 개인적인 대화를 나누지 못하였던 것 같다. 3년 선배인 정숙언니는 이양자 선생님 이야기를 내게 많이 해주셨다. 그러다가 정숙언니 덕분에 2014년 2월 처음으로 해운대 바다에서 선생님을 뵈었다. 정숙언니와 애경언니와 같이 선생님을 처음 개인적으로 뵈었다. 함께 식사도 하고 대화도 하고 해운대 모래사장을 함께 걷고 겨울 바다를 배경으로 사진도 찍었다. 그리고 기차타고 수원으로 올라오는 길에 선생님의 블로그를 처음 접했고, 선생님의 글과 시들을 읽으며 마음이 설레었다.

그 후 다시 선생님을 뵌 것은 애경언니 딸의 결혼식에서였다. 영도 앞바다가 보이는 너무나 낭만적인 곳에서의 멋진 결혼식에서 선생님을 뵈었다. 그러나 여전히 선생님과 개인적인 관계를 맺지 못하였다. 세 번째 뵌 것은 올 봄 선생님의 수필 등단식 때였다. 나는 그 무렵 봄앓이를 앓고 있었다. 누워 있다가 주섬주섬 옷을 챙겨 입고 부스스한 차림으로 남산을 올랐다. 그리고 선생님의 수필 등단식에서 선배언니들을 만났다. 여전히 선생님은 내게 멀고 먼 분이셨다. 나는 선생님의 강의를 꼭 한번 듣고 싶었다. 이런 나의 마음을 아시고 선생님은 백범 김구 기념관에서 하는 학술발표회에 초청해 주셨지만 나는 몸과 마음이 아파서 가지 못했다.

여름이 시작되던 어느 날 선생님은 나에게 다시 콜을 해주셨다. 부산에서 하는 '20세기 중국을 빛낸 자매 송경령과 송미령' 강의가 있으니 오라고 하셨다. 나는 이번에는 꼭 선생님 강의를 듣고 싶었다. 여고시절에 듣지 못했던 선생님의 열강을 듣고 싶었다. 그래서 겸사겸사 이박삼일의 홀로 여행을 계획했다. 정읍에 있는 둘째 아들한테 가서 하루를 자고 다음날 정읍에서 부산까지의 무궁화행 기차를 타고 부산으로 와서 해운대에서 홀로 하루를 자고 다음날 일찍 선생님의 강의 장소로 찾아갔다. 그날은 스승의 날이었다. 나는 정말 듣고 싶었던 선생님의 강의를 듣고 그날 선생님을 독차지 하였다. 선생님 강의는 정말 열정적이셨다. 나는 다시 여고생이 되어 수업을 받는 기분이 들었다. 송경령, 미령 자매의 인생이야기를 역사와 더불어 강의해주셨다. 선생님과 택시를 타고 선생님댁 근처로 와서 선생님과 단둘이 식사를 하였다. 선생님은 내가 살아온 이야기를 해보라고 하셨다. 그리고 다 들으시더니 "와! 놀랍다." 하시며 감탄해주셨다.

"참 멋진 스승의 날이었네. 밥도 먹고 너의 야망과 인생이야기도 듣고, 늘 행복하리라 믿어. 파이팅!"

선생님과 헤어져 다시 기차를 타고 수원으로 올라왔다.

돌이켜보면 선생님은 한 발짝 멀리서 서성이고 있는 나에게 조금씩 다가와 주신 것 같다. 종종 책을 보내주셨다. 수필집도 보내주시고 저서도 보내주셨다. 너무나 큰 사랑을 해주신 것이다. 이번에도 글을 써서 보내라고 하시는데 막막하였고, 막상 무슨 글을 써야할지, 여고시절 선생님과의 추억이 없는데 어찌해야하나? 나는 자격이 없지 않은가 생각했다. 그러나 선생님은 역시 선생님이셨다. 계속 카톡을 주셨다. 나는 마음을 먹고 써보고자 하지만 잘 써지지가 않는다.

나의 삶에 있어서 이양자 선생님은 어떤 영향을 주셨을까? 해운대 바다에서, 남산 문학당에서, 바다와 산에서… 나는 선생님과의 추억이 있다. 특히 남산 문학의 집에서 선생님 수필 등단식에 갔다가 생전 처음 이런 곳도 있구나! 하는 마음이 들어 이곳저곳 둘러보다가 그 곳에서의 영미문학 산책 강의를 신청해서 듣기도 하였다.

수업을 마치고 수료증을 받고 느낌을 적은 글을 보내드렸다.

"우와 멋지다! 넘 잘 썼구나! 새로운 세계의 발견과 그 세계에서의 발전을 기원한다!"

선생님의 칭찬과 격려는 내게 큰 힘이 되었다.

나는 문영여중을 다녔다. 박범신 선생님이 국어선생님이시던 시절에 문예반에서 활동했다. 중학교1학년 때 한상국 교장선생님을 처음 뵈었다. 초등학교를 갓 졸업한 나는 자신감이 넘쳤다. 반 배정 시험에서 좋은 성적을 받은 터라 더 자신감이 넘쳤던 것 같다. 중학교 시절 문예반을 택해서 들어갈 정도로 나는 책 읽는 것을 좋아했다. 중2때 읽은 제인 에어 소설은 나에게 큰 영향을 주었다. 여주인공 제인 에어처럼 인생을 개척하고 도전하는 멋진 삶을 살고 싶었다. 그러나 중2때 아빠가 중풍으로 쓰러지시면서 나는 인문계를 포기하고 서울여상을 가야만 했다.

서울여상시절 나는 나와는 맞지 않는 옷을 입은 듯한 삶을 살았던 것 같다. 한없이 소극적이고 부끄럼을 많이 타던 내가 많은 사람들 앞에서 구령을 하는 것은 참 힘이 들었다. 고1 때 친구 선희가 나를 처음으로 교회에 인도했다. 그러나 아빠의 반대로 더 이상 다니지는 못했다. 나는 학도호국단 생활을 하면서 힘이 들 때면 선희가 이끌어 준 교회에 가서 홀로 기도하고 오곤 했다. 그러면 마음이 편해졌다. 연대장이라는 어마 무시한(?) 명칭의 직함은 문학소녀의 감성을 가진 내게는 참 버거웠다. 고3 때 나는 뭔가 보상을 받고 싶은 마음에 은행 취업과 동시에 야간대를 다녔다. 이것도 아니고 저것도 아닌 버거운 삶이었다. 전공도 나와는 맞지 않는 회계학으로 동계진학을 했다.

그러나 주경야독 3년차 봄에 가난한 마음으로 한없이 허무해하던 나에게 고등학교 친구 향숙이가 손을 내밀었다. 은행 강당에서 하는 성경공부에 초청한 것이다. 성경공부는 내게 뭔가 구원의 밧줄처럼 여겨졌다. 무미하고 바쁜 삶 속에서 뭔가 의미를 찾는 것 같았다. 그러나 직장일과 야간수업으로 졸기가 일쑤였다. 성경공부를 시작한 그해 11월에 아빠가 돌아가셨다. 말기 위암 판정을 받으신 아빠는 집에까지 와서 교회로 인도해준 태숙언니(2년 선배)의 말에 그대로 순종하셔서 교회에 다니셨다. 그리고 6개월 후 하늘의 부름을 받으셨다. 늦가을 추운 날 아침 아빠는 내게 은행에 가지 말라고 하셨고, 동네의 교회 다니는 분들의 찬송소리를 들으시고 "할렐루야!" 하시며 큰 눈을 감으셨다. 22세의 나이에 나는 아빠의 임종모습을 보고 너무나 놀랐다.

그냥 느꼈던 것 같다. 천사들이 와서 아빠의 영혼을 천국으로 모시고 간다는 것을…. 나는 지금도 그때의 그 장면을 잊을 수가 없다.

너무 많이 울어서 머리가 깨질 듯이 아팠지만 그래도 그때의 아빠의 얼굴과 음성이 기억난다. 그렇게 아빠는 천국으로 가셨고 이 사건은 나의 인생의 일대 전환점이 되었던 것 같다. 나는 이세상이 전부가 아니고 천국이 있음을, 하나님 나라가 있음을 깨달았다. 이제 나는 어떻게 살아야 하는가? 그 후 수많은 방황이 있었다. 인생의 갈림길에서 나는 어떤 선택을 하고 어떤 길을 걸어야 하는가?

이듬해 명륜UBF 여름수양회에 갔는데 "인생소감(Life Testimony)"을 서해안 낙조를 바라보며 쓰는 기회가 있었다. 나는 왜 하나님이 소심하고 새침데기 같고 수줍음 많은 나를 10 년 반장에 연대장을 하게 하셨을까? 그것이 해석이 되었다. 그것은 나를 연단하시기 위함이라는 것을. 뭔가 하나님의 뜻이 있을 것이라는 것을. 그해 여름 수양회에서 나는 아빠가 만난 예수님을 인격적으로 감격적으로 만났다. 그리고 27세에 대학생 선교사역에 부름 받은 남편과 결혼을 하였고 결혼한 지 1 년 후 수원으로 내려왔다. 수원에 내려와 산지 31 년이 지나고 있다. 서울에서 28 년 살았으니 더 많이 산 셈이다.

31 년간 캠퍼스에서 학생들과 성경을 공부하고 전도하는 삶을 살며 문학소녀의 꿈은 희미해져가는 때에 이양자 선생님을 만나게 된 것이다. 선생님은 내게 어떤 내면의 불을 지펴주시는 것 같기도 하고, 한 바가지 마중물을 부어주시는 것 같기도 하다. 돌이켜보니

선생님이 늦게 만난 제자도 사랑해주시고 기억해주시고 너무나 큰 힘을 주신 것 같다. 선생님의 카톡 글은 언제나 긍정에너지로 넘치시고, 격려의 말씀으로 힘이 된다. 선생님 덕분에 하게 된 블로그에 올린 졸시를 보시고도 엄청난 큰 격려를 해주셨다.

"우와 이제야 읽어보니 시를 넘 넘 잘 썼구나! 좀 더 열심히 해서 너도 등단하자!!!"

"너 애련이 명심해! 꼭 등단한다!!!"

선생님! 감사합니다!!!

남산 문학의 집이란 곳을 선생님 덕분에 처음 가보고, 또 선생님 덕분에 이렇게 글도 써보고, 선생님 덕분에 60세 이후의 나이를 어떻게 살아야 할까? 좀 더 넓은 안목으로 생각해보게 되어 감사합니다. 선생님의 팔순을 축하드립니다. 언제나 건강하시길 기도드립니다.

고애련 (서울여상 50회)

여름

개나리 노란 꽃그늘 아래 2

추억 속의 얼굴들

지나간 세월 속의
추억에 빠져 보는 시간
그 추억 속의 얼굴들과
우정과 믿음과 사랑을
마음속에 새겨본다.

그 때를 가만히 생각하며
기억을 헤쳐 나가 보면
마음속에 아련한 정이
가득히 고이고…

내 가슴에 사제의 정을
따뜻하게 수놓았지.
그 날 너희들은
내 가슴에 날아온 천사였어.

아름다운 추억의 주인공은
바로 너희들이었어.
나도 모르게 미소 띤 뺨 위로
추억의 눈물이 흐르네….

이양자

01
우리들의 선생님

1960년 경자년생 우리는 무악재 언덕에 자리했던 서울여상 49회 졸업생입니다. 당시 2학년 담임과 세계사를 가르쳐주신 이양자 선생님은 올해 팔순, 저희들은 환갑입니다. 꿈 많은 여고시절이 아니라, 대부분이 가정사로 대학입학 대신 취업의 길로 나서야했기에, 마음을 닫아걸고 까칠했던 저희들을 트인 엄마처럼 편들어 주는 큰 언니처럼 이끌어주셨던 스승이십니다. 생각해보면 30대 후반이셨던 선생님 역시 삶이 녹록하지 않으셨을 시절임에도 무한 신뢰와 유머로 모난 제자들을 품으며 응원하셨습니다. 여느 선생님과는 다른 방법으로, 학업을 등한시 하는 학생에겐 반 최고의 IQ결과가 나왔다는 거짓말로 분발을 유도하셨고, 수업시간 짬짬이, 멋쟁이가 되는 옷맵시와 화장법을 알려주시기도 하고, 살아가다 지칠 때면 점집을 한번 찾아보는 것도 통계니까 괜찮다고 하셨습니다.

그러한 선생님과 연락이 닿지 않은 30 년 동안 우리는 저마다의 가슴속에 각자 다른 일화들을 품고 지냈습니다. 저의 그 시절은 엄마가 다섯째 딸을 낳으신 때입니다. 아들을 바라시면서. '자신 없고 염치없다.'시며 넷째부터 산파도 없이 이웃에 사시는 외숙모님이 출산을 도와주셨고, 짧은 기간이지만 여고 2학년인 제가 어설픈 산후조리를 하면서 미아리에서 홍제동까지 통학을 했었는데, 학교수업 전에는 주산, 타자 학원으로 방과 후엔 교련훈련까지 해대느라, 안 그래도 튀어나온 입은 뾥힐 지경이었고 쪼매난 눈은 더욱 가늘어진 시절, 가정환경 조사서를 놓고 상담하시다가,

"복희 니는~ 지금껏 내가 가르친 학생 중에 젤로 낙천적이다" 라고 하셨습니다.

"제가요…? 아닌데요…?"

그런데 이후부터 '그럴 수도 있나?' '진짜인가?' 그래 보이고 싶어서 흉내를 내다보니 오늘날 불룩 솟은 배가 부끄럽지 않을 만큼 배짱 두둑한 자뻑어미가 되었습니다. 선생님의 한마디가 맏딸 노릇, 사회 생활, 친구 관계까지 큰 힘이 된 것입니다.

졸업 후 모교를 찾았을 땐 선생님은 흔적도 남기지 않으신 채 떠나셨습니다. 그리고 30 년쯤 지나 인생 고개를 한바탕 넘기고 늦은 공부와 잦은 친구 모임에서 선생님 앓이를 했더니 똘똘이 혜숙이가 인터넷 검색으로 중국사학자가 되신 선생님 소식을 찾아냈고 후다

닥 편성된 4인조 선발대(정희 선배, 혜숙, 영신, 복희)는 한겨울 부산행 열차를 탔습니다. 사별 후 1 년째 홀로이신 선생님께서는 70세, 제자들은 51살이 되어 재회를 하였고, 그 날의 흥분은 서울, 경주, 남이섬, 곤지암, 수동, 변산, 포천, 부산까지 행복한 여행이 계속되었습니다. 손수 준비해 오신 행운의 네잎클로버는 제자들의 지갑에, 인생 명 강의는 가슴속에 채워주시며 소중한 선물과 금일봉까지~ 웃음 넘치는 우리들의 여행 대이동이 이어졌습니다.

부잣집 맏이로 태어나 최고학부 출신의 신여성이었지만 청빈한 학자의 아내와 세 자녀의 어머니로서 고된 삶을 살아 내시면서도 대학교수, 중국사학자, 시인, 수필가에 이르기까지 평생을 달려오신 선생님은 지식, 재능기부와 세심한 베풂으로 인생길 등대가 되셔서, 동동거리며 자신과 가정을 일궈온 저희들의 설움을 털어주시며, 코가 벌름댈 만큼 칭찬을 해주셨습니다. 그렇게 10 년 세월이 흘러, 모두 약속이나 한 듯이 깔딱 고개를 오르고 있습니다.

연로하신 부모님과 퇴직남편, 세대가 완전 다른 자식들 틈에 끼어 교통정리 신세가 되었습니다. 자신의 건강을 잃고 심신의 고통이 컸던 친구들에 비하면 부끄러울 만큼이지만 무기력과 우울함 속에 지난해를 보냈습니다. 불과 1 년 전 해운대에서 송년회를 하면서 영도 앞바다가 내려다보이는 맛집에서 선생님의 팔순과 저희들의 환갑을 기념하는 사제 문집을 계획했었는데, 안부도 뜸하고 나라 걱정도 안 해서 서운하셨을 것입니다. 그래도 기다려주시고 이끌어 주셔서 감사하고 죄송합니다. 선생님!

스무 살에 마흔을 꿈꾸더니 육십에는 팔십이 기다려지는 힘든 시간이라는 변명을 해봅니다.

많이 지칠 때면, 벚꽃 흩날리던 수유리 아카데미하우스와 아름답고 슬픈 남이섬의 추억, 수학여행 소환했던 2박3일 경주대첩, 사제 함께 소녀 감성이 된 노을 진 변산 바다, 심신이 풍요로웠던 곤지암과 수동, 포천 숯가마의 열기와 웃음, 가슴 트이는 해운대와 화려한 광복동 트리불빛까지 소중한 기억들이 잠 못 드는 한밤에도 웃음 짓게 합니다. 선생님께서도 추억을 떠올리시며 늘 건강을 챙기시기 바랍니다.

팔십 평생 최선을 다해 뛰셨으니 쉬엄쉬엄 여유로운 일상도 보내십시오. 그리고 40여 년 전, 제게 주신 말씀도 되돌려 드립니다.

제가 뵈어온 많은 분 들 중에 가장 낙천적인 선생님이시라구요…. 지금의 소나기가 잦아들면 메뚜기떼 제자들과 시끄럽게 찾아뵙겠습니다.

늘~ 평안하십시오, 우리들의 선생님!!!

홍복희 (서울여상 49회)

02
나는 선생님 福이 있다

우선 선생님의 팔순을 진심으로 축하드리며, 늘 건강한 모습으로 그 자리에 계셔주시길 기원합니다.

나는 74년도 입학생이다. 내게는 특히 기억에 남는 선생님이 세 분 계신다. 그 중의 한 분이 이양자 선생님이시다. 선생님과는 2학년 3학년 2년간 국사와 세계사 교과목을 통해 만났다. 아쉽게도 3년 내내 담임선생님이란 인연으로 만나진 못한 탓에 선생님은 나를 잘 기억하시지는 못하시리라. 하지만 친구 명숙을 통해 선생님의 근황을 늘 전해 듣고는 있었다. 그런데 조금 전, 선생님께서 팔순 기념으로 단행본을 출간하실 계획이라는 소식을 접하게 되었다. 처음 들었을 땐 '선생님과 특별히 기억나는 게 없는데'라며 사양을 했다. 전화를 끊고 나니 '과연 그럴까?'하는 생각이 들다가, 아니지 하면서 나도 모르게 컴퓨터 앞에 앉게 되었다.

선생님 앞에 송구한 말이지만, 반드시 내 의지대로가 아닌 뭔가에 이끌려 살다보니 어느덧 耳順을 넘기고 古稀를 바라봐야 하는 때가 되었다. 젊은 한 때 청춘의 질풍노도에 지쳐 빨리 세월이 흘러가 버렸으면 좋겠다고 입버릇처럼 이야기하던 시절도 있었다. 돌이켜보면 소울메이트인 벗들이 있었기에 그 세월을 살아내지 않았나 싶다. 이제는 그 시절조차 눈물 나게 그리운 추억이 되어 버렸고, 진시황처럼 혹은 권력과 부를 갖춘 사람들처럼은 아니지만 나 역시 영양제를 사들이고 꼬박꼬박 챙겨먹고 있는 한심한 사람이 되어 가고 있다. 그런 무료한 삶 중에 벗의 제안으로 다시 옛날을 돌이켜볼 수 있는 기회를 갖게 되었으니 선생님과 벗에게 지면을 빌어 감사드린다.

선생님에 대한 나의 기억이라면 수업시간을 통해 들었던 말씀이라 나만의 기억은 아닐 것이다. 역사시간은 과목의 특성상 늘 편안하고 재미있었다. 뿐만 아니라 선생님은 감수성 많고 예민한 우리에게 늘 좋은 말씀을 해주셨다. 우리는 가끔 수업시간에 선생님께 이야기를 해달라고 조르곤 했다. 특히 선생님의 연애스토리는 눈은 반짝반짝, 귀는 쫑긋하게 한다. 아마 여학생들이었기에 더욱 그랬으리라. 다른 반에서 某 선생님께서 수업을 하지 않고 연애스토리나 결혼이야기를 하셨다는 소문이 들리면 영락없이 졸라대었다. 그러면 선생님은 마지못해 수업을 포기하고 말씀을 시작하셨다.

아직도 잊혀지지 않는 두 가지가 있어 적어본다.

앞서 말했듯 학생들의 가장 큰 관심사이며 흥밋거리는 선생님의 러브스토리이다. 선생님의 스토리를 여기서 다 밝힐 순 없지만 선생님께서 배우자를 선택함에 있어 무엇을 중요시 했는지 말씀하신 것이 필자가 배우자를 선택하는 데 있어서도 확고한 조건이 되었다. 지나고 보니 잘못된 만남이었지만 말이다.ㅎㅎㅎ

선생님의 요지는 이렇다.

1. 현재 가진 것이 없어도 가능성이 있는 사람이라면 선택해라.

2. 그 사람의 단점을 내가 고쳐서 살 수 있다면 선택해라.

지금 생각해도 훌륭한 말씀이시다. 다만 내가 잘못 선택한 것이리라. 가르침대로 따르지 못해 선생님 죄송합니다.

2학년 때인지 3학년 때인지 기억은 가물거리지만 당시 라디오 프로그램을 녹화하기 위해 방송국에서 방문했다. 우리는 방송녹화를 위해 강당에 모였고, 약간 들떠 있었던 것 같다. 앞에서 체육선생님의 마이크 소리도 잘 들리지 않았다. 선생님의 음성은 더욱 커졌지만 방송국 사람들이 많이 오고 장비들이 들어오고 하는 통에 집중력은 떨어졌다. 그 와중에 앞에서 마이크를 잡고 계시던 체육선생님이 갑자기 강단에서 내려오셔서 어느 학생의 머리를 때렸다. 그 손에 머리카락이 뽑혔다는 소문이 삽시간에 입과 입을 통해 퍼졌다. 학생들은 수군거렸다. 어떻게 외부인사가 보는 앞에서 머리를 때릴 수 있냐며. 그렇게 어렵사리 녹화가 끝난 다음날 아침 조회시간, 담임선생님은 들어오시지 않고 방송이 나왔다. 필자의 기억에 몇몇 방송반원들이 교무실을 밖에서 잠그고 방송을 하는 것이었다. 그 체육선생님에 대한 이야기를 했다. 학생들은 웅성거리고 그야말로 난리가 났다. 교무실을 밖에서 잠그다니… 결국 선생님들 중에 이양자 선생님께서 협상자로 나오셨다. 학생들과 소통이 제일 잘 되는 분이라는 걸 선생님들도 알고 계셨던 것 같다. 선생님의 간곡한 설득 끝에 교무실 문은 열렸고, 문제는 무난히 해결되었다. 지금 생각하면 참으로 엄청난 일이었다. - 전후를 불문하고 학생이 교무실문을 밖에서 잠가버렸으니 - 일이 마무리 되고, 선생님은 수업시간에 들어오셔서 잘잘못을 말씀하셨다. 해서는 아니 될 일도 있는 거라고. 어떻게 교무실 문을 밖에서 잠그고 선생님을 감금할 수 있냐고.

돌이켜 생각해보면 학교 특성상 인문학에 목말라 있던 우리에게 선생님의 말씀은 스펀지가 물을 빨아들이는 것과 같았을 뿐 아니라, 한 마디 한 마디가 너무 소중했다. 그런 우리의 마음을 선생님은 이해하고 계셨던 듯하다.

우리도 이제 종착역을 향해 초고속으로 달려가고 있다는 생각뿐인데, 선생님의 열정 있는 활동은 진정으로 나를 한없이 부끄럽게 한다. 옛날 중국 당나라 시인 유우석의 시 중에 '저무는 황혼이라 말하지 마오. 붉은 노을 되어 하늘 가득 물들이리라.'라는 시구가 생각난다. 정말 선생님의 열정으로 하늘이 붉게 물들고 있는 것 같다. 선생님처럼 왕성한 활동을 할 순 없지만 '노마식도老馬識道'와 같은 노련한 지혜를 가진 노인으로 살고 싶다.

끝으로 내 인생이 福이 있는 삶이었다고 생각하진 않지만, 자신있게 말할 수 있는 한 가지가 있다. 나는 선생님 福이 있다고.

선생님, 오래오래 건강하세요~~.

장영순 (서울여상 47회)

03
산을 좋아하고 사랑한 선머슴 이야기

요즈음 청춘남녀의 결혼은 필수가 아닌 선택이라 한다지요.

서로 사랑해서 결혼을 한다 해도 경제적 독립이 늦고 여성의 경제활동이 활발해지면서 결혼의 시기도 자연히 늦어지는 현상이 시대의 흐름이 되었습니다. 저희가 고등학교 학생시절인 70, 80년대에는 우리나라의 산업 전분야가 팽창하는 산업의 부흥기여서 고등학교를 졸업해도 본인이 성실하고 능력이 있다면 소위 말하는 안정된 좋은 직장에 취업할 수 있었어요. 지금도 생각하면 저희 세대는 참으로 복을 많이 받았구나 하는 감사한 마음이 가득합니다.

저도 많은 친구들과 졸업도 하기 전에 같은 직장에 취업을 하였지요. 10대 후반의 풋풋한 어린나이지만 학교선배들, 친구들이 있어서 선배님들의 도움을 받고 친구들을 의지하며 의젓하게 사회생활을 시작했던 기억이 납니다. 나이는 어리지만 경제적인 독립을 하게 되니 좋은 점이 많더군요. 부모님께 조금이나마 경제적인 효도를 할 수 있었고, 못 다한 공부도 주경야독하며 즐겁게 할 수 있었지요. 은행 업무에 익숙해지면서 감사업무의 높은 자리에 까지 올라갈 수 있었습니다 그러면서 내 생활에 대한 책임감도 강해지고 또한 하고픈 취미활동도 여유 있게 할 수 있게 되었으니까요.

북한산에서 등산대회를 할 때 선수로 참가한 게 계기가 되어 산의 멋을 알게 되었고 직원들, 친구들과 산을 여러 번 다니면서 산의 매력에 빠졌어요. 제가 처녀시절 살았던 동네가 북한산까지 버스 20분 거리에 위치하고 있어서 쉽게 산을 갈 수 있는 지리적 여건도 제게는 행운이었지요 ㅎㅎ. 거짓 조금 더해서(?) 세계적인 명산 북한산, 도봉산을 300번(?)이상은 올랐던 거 같아요. 전국에 있는 산을 등반해 보려고 매주 배낭 메고 방랑객이 되어 30대중반 결혼 전까지 15 년 정도 이산 저산을, 산이 부르면 어디든 간다는 맘으로 산이 좋아 산에서 사노라네ㅎㅎ. 저와 함께 산을 좋아한 절친 장몽땅, 한간판이 동행할 수 있어서 고맙고 행복했어요. 별 다른 일이 없으면 항상 함께 산길을 걸었던 지난날들~ 어머니 품같이 포근하고 따뜻한 산길을 걷고 있노라면 마음이 편안해집니다.

산은 정상을 쉽게 허락하지 않습니다. 편안한 산길이 있는가 하면 나무에 의지하여 한발을 옮겨야하는 산길이 있고 네발로 기어야

하는 바위 길을 한 발 한 발 겸손하게 걷노라면 그제야 산은 정상을 허락합니다. 산에서는 조그마한 실수도 사고로 이어지기 때문에 자만은 금물이고 겸손한 마음이어야 합니다. 산 정상에 앉아서 내 발 아래 놓여 있는 거만한 빌딩, 부자들의 저택, 서민의 판잣집, 드넓은 논, 밭을 바라보고 있노라면 모든 게 용서가 되고 모두가 내 것인 양 욕심이 없어지는 무심의 부처님 마음이 된다고 할까요? ㅎㅎ

양사언의 시가 생각납니다.

"태산이 높다하되 하늘아래 뫼이로다.
오르고 또 오르면 못 오를리 없건마는
사람이 제 아니 오르고 뫼만 높다 하더라."

20대 중반 추석연휴인 10월초에 설악산 등반을 갔을 때의 일입니다. 7남매 중 6번째인 저는 추석에 집에 없어도 괜찮은 존재였기에 부모님께 허락을 받고 친구 3 명과 2박3일 설악산 등반을 갔습니다. 지금은 인터넷이 발달하여 가고자 하는 곳의 정보를 알 수 있지만, 예전 아날로그 시절에는 정보파악이 쉽지 않았어요. 강원도 인제 용대리에서 설악동으로 등반 계획을 하고 1박 백담산장, 2박 양폭 산장에서 숙박을 할 계획이었어요. 그런데 용대리 백담사에 도착해서 난감한 일을 접하게 되었습니다. 백담산장이 증축을 하기 위해 건물은 온데간데없고 공사예정 팻말만 있는 겁니다. 설악산의 10월

초 밤 날씨는 꽤 춥습니다. 당황하여 백담사 스님께 달려갔지요. 쪽잠도 괜찮으니 잘 곳을 부탁드렸는데 등반 객이 너무 많아서 공간이 태부족이라네요. 한 데서 잘 수는 없어서 알루미늄으로 된 안내소에 갔더니 그곳도 벌써 만원이었어요. 그래도 마음이 넓은 산사람들은 모두가 같은 마음이기에 일부 자리를 내어주시며 서리라도 피하자고 하여 친구들과 자리를 잡았어요. 잠깐 잠을 청했지만 너무 추워서 잠을 들 수가 없는 친구들과 새벽 등산을 강행했어요. 산길을 걸으니 춥지 않아 좋더라고요. 영시암을 향해 걷다보니 동이 터오고 기분이 상쾌했습니다. 영시암 계곡물과 타는 듯한 단풍이 어우러진 한 폭의 수채화를 보며 황홀경에 빠졌어요. 설악산 정상 대청봉에서 발아래 펼쳐지는 끝없는 운무 또한 장관이었습니다. 양폭산장 맞은편 산봉우리에 떠오른 쟁반같이 둥근달, 지금도 그 광경을 잊을 수 없어요. 이런 환상적인 풍경은 산을 사랑하는 사람만이 볼 수 있는 특권이라 생각합니다.

또 한 번은 저랑 같은 노처녀 미경이라는 친구하고 지리산을 갔을 때 일입니다. 지금은 노동절이 5월1일 이지만 과거에는 3월 10일이었습니다. 주 6일 근무시절이라 연휴가 참 귀했지요. 모처럼 노동절 연휴를 맞아 지리산 노고단에서 뱀사골로 하산하는 등산일정을 계획했습니다. 노고단산장에서 숙박하고 배낭을 꾸려서 산행을 시작했습니다. 요즘도 등산코스에 안식년으로 지정되어 입산이 금지 되는 기간이 있습니다. 그때는 봄철을 앞두고 있어서 나뭇가지가 메말라 있는 상황이라 입산금지 기간에 해당되는 시기였음을 도착해서 알게 되었습니다. 임걸령으로 가는 산행길 초입에 출입통제 안내문과 철조망이 쳐져 있었습니다. 난감한 마음도 있었지만 30넘은 노처녀 두 명은 아랑곳하지 않고 용감하게 월철조망을 통과하여 과감하게 산행을 시작했습니다. 아무도 가지 않은 길이기에 소복이 쌓인 눈 위에 친구와 내 발자욱을 뒤로하며 아름다운 경치에 취해 앞으로 나아갔습니다. 두런두런 이야기하며 가다보니 임걸령 이정표를 지나친지도 모르고 걷고 있었어요. 계속 가도 이정표가 없어서 순간 당황하여 주위를 둘러봐도 아무도 없었습니다. 입산금지 기간이기에 오가는 등산객이 없었던 겁니다. 저희가 있는 곳이 어딘지도 모른 채 안내초소를 찾아서 바람을 피하여 그곳에 머물고 있었습니다. 시간이 흐르면서 마음은 초조해지는데 저 멀리 두 명의 등산객을 발견하였습니다. 다행히 저희가 있는 곳으로 다가오고 있어 얼마나 반갑고 고마운지 눈물이 났습니다. 노부부께서 다정하게 산행을 하고 계신 모습이 참으로 아름다웠습니다. 저희가 뱀사골산장으로 가는 길을 안내 부탁하였더니 많이 지나왔다고 하시며 임걸령으로 가는 길을 안내해주셔서 무사히 하산할 수 있었던 기억에 지금도 아찔한 생각이 듭니다.

한참을 놀다보니 문득 우리 선생님의 말씀이 머리를 스쳤습니다.

"조물주께서 남자, 여자를 만들어서 서로 함께 살도록 하셨다. 그래도 독신녀 보다 이혼녀가 세상을 살아가는데 용이하다." 결혼에 관심이 없던 제가 선생님 말씀을 되새기며 30중반에 친구가 소개해 준 지금의 짝을 만났습니다. 겨울 설악산 정기를 받아 딸을 얻었고 3년 뒤 아들까지 품에 안았습니다. 늦은 출발이어서 50대 중, 후반에 고3 입시전쟁을 치르고 환갑이 넘은 지금도 대학 2년생 학부형으로 살고 있는, 산을 사랑한 산처녀의 생각은, 남녀가 짝을 찾는 일은 빠르면 좋겠다는, 요즘의 트렌드와는 반대의 생각을 해봅니다.

이명숙 (서울여상 47회)

04
상고머리 추억

어릴 적엔 수줍음을 많이 타서, 제대로 의견뿐 아니라, "싫어요, 못해요, 안해요." 라는 말을 한 마디도 못하고, 오직 씨익 웃기만 하면서, 내면의 감정이 뭔지를 제대로 드러내지도 못한 채 "착하다, 예쁘다"고 해주는 말을 들으면서, 더욱 착하게만 지내려고 애썼던 과거의 나 영신이 떠오른다.

1남 4녀의 딱 가운데에 있었던 나는, 언니는 갈래머리 땋고 아빠와 엄마의 총애를 받으며 첫딸의 권세를 가졌었고, 오빠는 황태자로서 물질적 지원이 넘쳐흘렀다. 어머니께선, 막내는 막내라서 예쁘게 파마로 화려한 프릴 달린 원피스로 꾸며주며 앞장세우고 다니셨다. 뒤따르던 바로 위. 나의 밑 동생은 징징 울보, 짬보라 불릴 만큼 불평과 불만을 울음으로 대신하며 나는 왜 저렇게 안 해주냐고 우는 통에 그나마 막내에 준하는 관심을 얻어 누렸다.

부모님은 결혼 후에 살림을 차려서 독립하지 못하시고, 큰댁과 위아래 집에서 신혼살림을 차리셨는데, 큰아버지께서 둘째 부인을 들이고자하여 살림집을 나와야만 하셨다. 그래서 아버지의 하나밖에 없는 누나 즉 고모의 도움으로 서울로 향했다고 하신다. 1남1녀를 가진 20살 중반인 젊은 엄마는 뱃속에 나를 가지면서, 나를 낳으시면서 보릿고개를, 맘고생을 톡톡히 하셨을 것이다. 그로부터 매해마다 내 생일은 생일 축하는커녕 엄마의 반복되는 산후고통을 겪으시는 날이었다. 이상하리만치 딱 그날이 되면 엄마가 아프셔서 항상 나는 엄마한테 미안함과 죄송한 마음을 달고 자랐었다. 이런 가운데, 나는 다행히도 스스로 알아서 조용히 헤벌레기로 효녀딸로 명명 받으면서 지냈다. 그런 영신이가 오늘도 눈에 선하다.

우리 집 1남은 밖에 나가 딱지 구슬치기로 분주한 가운데 오빠가 어떤 머리를 했었는지 기억이 잘 나지 않는다. (오빠는 외아들로서 지대한 관심과 물질은 넉넉하게 지원되었음에도 딸부자집 외아들로서의 소외감과 외로움이 톡톡히 있었음을 잘 알기에 늘 미안하고 안쓰러웠다.) 언니는 갈래머리, 막내는 파마머리, 셋째는 커트머리, 나는 이발소 상고머리다. 나랑 언니와는 나이 차이가 있어서 언니는 열외라 느껴졌고, 밑의 우리 세 자매는 못난이 삼형제 캐릭터를 - 외부인이 바라본 모습이 아닌 - 각자는 자기 맘속에 좋아하는 캐릭터를 자기라고 생각하며 그렇게 자위하며 넘어갔다.

여자들이 쉽게 가볼 수 있지 않았던 이발소를 경험한 기억은 나에게 여자로서 모멸감을 갖게 된 경험으로 기억된다. 그것은 이발소 의자 손잡이에 덧대놓은 나무판 위를 무서워서 벌벌 떨며 높이 올라앉는 장면과 흰 나일론 천 같은 것으로 덮어씌운 가운 사이에, 바리깡 소리에 어린 손발을 꼭 잡고 있었던 모습이다. 바리깡으로 올려붙인 그 상고머리를 보면서 엄마는 나를 메주 같다고 했다. 사랑의 눈으로 불러주는 그 애칭이 얼마나 친근한 것이었던가를 환갑이 다된 지금까지도 모르고 지냈었다.

난 상고머리를 그려야만 하고 또 그리고도 싶었으나 그리지를 못했다. 상고머리 그림이나 사진을 보면 아픈 추억이 아련하게 떠오르곤 한다. 그럴 때마다 나랑 상관없노라고 심히 부정하는 맘으로 고개를 젓곤하는데, 지금의 내 딸 지수는 영화 속에 등장한 상고머리 아이들을 보며 이쁘다고 마구 웃는다. 나도 같이 까르르르 웃다가 입으로 툭 터져 나왔다.

"엄마 어렸을 때 상고머리였어. 난 그 상고머리 깎을 때 모멸감을 느꼈었어."

눈물이 왈칵 쏟아졌다.

"엄마 왜 그때 싫다고 못했어?"

큰소리로 딸이 나를 꾸짖는다.

"난 그 소리를 못하는 사람이었어."

"그러면 엄마의 마음이 아프니 불효라고 생각했어."

효녀 소리를 들으면서 자란 것이 참으로 좋지만은 않는 것이었음을, 다 자란 어린 영신에게 말해본다. 지금은 상고머리를 보며 웃을 수도 있다. 내 그림 속에 당당히 상고머리를 그릴 수도 있다. 현대적인 멋스러움도 보인다.

'우리 영신이 잘 참고 살았네.'
수고했다고 등이라도 두드려 주고 싶다.

≪상고머리 추억 후기≫

이제 웃을 수 있다며 풀어놓은 나의 상고머리 얘기가 여기저기서 또 다른 진한국물 맛을 내며 이야기가 샘솟네. ㅎㅎ

오늘 구역 예배에서, "인생의 문제와 상처가 있다면 나눠보세요." 하는 질문에 마침 준비나 한 듯 나의 상고머리 글을 읽어주니, 항상 초긍정 감사 넘치시던 60대 중반 권사님이 울음바다다. 본인의 아픈 상처를 꺼내 나누게 되고, 덕분에 근사한 밥을 대접받았다. 누구의 잘잘못이라기 보담 아픈 기억, 상처들…
물꼬를 트니 저마다 가지고 꽁꽁 싸매 가리고 있었음에 같이 울고 웃고, 또 지지해 주는 누군가를 통해 말할 수 있고, 회복됨을 보면서 무지 감사했다.

'우리 모두 다른 듯하지만 어쩜 이리 많이도 같은고?' 하며, 모두 같은 듯 보이지만 개개인마다 조금씩 다름을 인정해야 함을 다시 느끼는 소중한 시간이 되었네.

이영신 (서울여상 49회)

05
우리 선생님

누구나 인생을 살아가면서 마음속에서 늘 그리고 존경하는 스승이 한분은 계실 것이다. 내게 그 분은 이양자 선생님이시다. 선생님은 지금까지 살아오신 당신의 삶에서 늘 바른 생각과 자세로 인생을 살아오신 분이시다. 우리 모든 제자들에게 넉넉하신 사랑과 인자한 웃음을 잃지 않으시는 선생님이시다.

이제 희수를 보내시고 곧 팔순이 되시는데도 다시 멋진 논문을 쓰셨다는 말씀을 들었을 때 선생님의 노고에 감격하고 말았다. 다른 어르신 분들은 팔순이면 여기 저기 안 아프신 데가 없다며 지친 몸을 가누기에도 힘겨워들 하시는데, 백내장 수술까지 연기하시면서 팔순에 가까우신 연세에 어려운 논문을 또 쓰셨다는 말이 믿겨지지가 않았다. 하루 종일 책을 읽으시고 논문을 쓰시느라 책상에 앉아 계시려면 얼마나 힘드셨을까 짐작이 되고도 남음이 있다. 지금도 선생님은 나의 인생의 길을 밝혀 주시는 험한 바다의 등대와도 같은 존재이시다. 힘들고 지치고 아플 때마다 힘이 되어 주시고 다정한 목소리로 어려운 역경을 이겨낼 수 있도록 위로해 주시고, 늘 바른 길로 이끌어 주시는 선생님이시다.

선생님을 처음 만난 것은 1976년 첫 국사시간이었다. 생소한 상업 과목에 질려있던 나에게 국사시간은 마치 긴 겨울 동안 기다려지는 봄바람처럼 가슴 설레는 유일한 강의였다. 단정한 옷차림에 꼿꼿한 자세로 교실로 들어오시는 선생님의 모습은 당황할 만큼 위압적이었다. 교단에 서신 선생님께서는 칠판으로 돌아서시더니 "우리는 한국인이다." 또박또박 한 자 한 자에 힘을 주시면서 달필로 쓰셨다. 지금 생각해보면, 정치적으로 사회적으로 어려웠던 70 년도에, 선생님께서 우리에게 바른 역사의식을 심어주시기 위해 쓰신 첫 문장이셨다. 첫 강의시간부터 "한국인"이라는 정체성을 우리에게 생각할 수 있도록 해주신 것이다. 그 날 이후 나는 처음으로 '내가 한국인이라'는 막연한 자긍심을 갖게 되었다.

어느 날 수업에서 고조선이 끝날 무렵, 교과서 과정대로라면 한사군에 관해 배울 차례가 되었다. 그런데 선생님은 한사군을 뛰어넘어 삼국시대를 가르치고 계셨다. 우리는 모두 의아해 하면서 "선생님, 한사군은 안 배웁니까?" 하고 여쭤보았다. 선생님께서는 정색을 하시더니 "그런 건 안 배워도 된다." 하시는 것이었다. 한사군은 우리 역사에 중요하지 않기에 굳이 가르칠 가치가 없으시다는 말씀이셨다. 그러자 한 학생이 용감하게 여쭤보았다. “선생님, 한사군이 시험에 나오면 어떡해요?” 선생님께서는 정색을 하셨던 얼굴에서 금방 온화한 웃음을 보이시더니, “내 시험에선 절대로 안 나오니까 걱정마라” 그리고 훗날 몇 년이 지난 후에야 나는 대학에서 식민사관을 들으면서 처음 깨달았다. 그때 선생님께서 우리에게 가르쳐 주시려고 하신 것이 식민사관에 대한 비판적 사고였다는 것을.

세계사를 가르쳐 주셨던 고2 첫 수업시간 칠판 가득 그리신 세계지도는 우리들의 감탄으로 이어졌다. 한순간의 망설임도 없이 마치 머릿속에 잘 그려져 있는 지도를 펼쳐 놓으시듯이 거침없이 한순간에 그리신 세계지도를 보면서 그 해의 선생님의 세계사 수업은 일사천리로 전개 되었다. 세계사 수업을 통해 듣는 선생님의 광대하고 해박하신 학식은 우리들의 지식을 향한 갈증을 충분히 해소시켜 주셨다. 르네상스적 교양인이 되라고 말씀하시던 선생님, 폭넓은 지식과 교양의 소유자, 이상적 사고를 지닌 여성이 되라 가르치신 그 말씀이 지금도 기억난다.

그 당시 중학교에서 공부를 꽤 잘해야만 서울여상에 갈 수 있는 입학원서를 받을 수가 있었다. 중학교에서 여러 선생님께 칭찬도 듣고 학생들 간에 인기도 있었던 나는 꽤 행복한 중학교 시절을 보낼 수 있었다. 그러나 갑자기 기울어진 가정환경을 능동적으로 극복하고자 나는 인문학교로 진학하기보다는 서울여상 진학을 결심했다. 그것은 취직을 먼저 하여 경제적인 자립을 한 후에 대학에 진학하는 것이 가정도 돕고 나를 돕는 길이라고 감성보다는 이성적 판단을 한 것이었다. 한사코 나의 서울여상 원서를 마다하시고 대학을 가야 한다면서 인문고 진학을 강권하시던 중3 담임선생님을 설득해서, 나는 어렵게 서울여상으로 진학할 수 있었다.

처음 학교 교정에 선배를 만난 순간 내 질문은 서울여상에선 어떤 제2외국어를 배우냐는 것이었다. 괴테, 헤르만 헤세, 루이제 린저의 독문학에 심취해 있던 내겐, 독일어를 배우는 것은 그 시절 나의 중요한 과제였다. 은근히 측은한 눈초리로 나를 바라보던 그 선배의 눈을 잊을 수가 없다. 그렇게 나는 첫 번째 단추를 잘못 끼웠다. 상업학교가 어떤 곳이고 무엇을 배우고 학습해야 하는가에 아무런 기본적인 지식도 없이 나는 서울여상이라는 최고의 엘리트 학교에 무조건 발을 들여 놓았던 것이다.

서울여상의 진절머리 날만큼 지독한 경쟁의식과 혹독한 매스게임, 추운 겨울 살얼음 같은 제식 훈련 속에 그나마 내게 한줄기 희망을 얻을 수 있고 숨 쉴 수 있는 수업시간은 국사시간 하나뿐이었다. 상업계산, 상업부기, 상법, 상업영어, 주산 타자 등등 모든 과목들은 나와 전혀 상관없을 것 같은 商자로 시작된 실천의 수업들뿐이었다. 가장 힘들었던 것은 주산이었는데, 주판알들을 한 십분만 보고 있으면 머리가 어지러워지는 것이었다. 그런 상황에서 계속 주판알을 튕기며 연습을 한다는 것은 내게 참을 수 없는 고통을 주었다. 특히 타자는 타자기를 놓고 실제로 연습을 해야 하는데, 입학 이후 계속 밀린 삼 기분 등록금조차 내지 못해서, 늘 서무실로 불려 다녀야 하던 내 처지론 타자 학원을 다니는 것은 무리였다.

시간은 무한정 흘러갔지만 나는 서울여상에서 물 위에 떠 있는 기름 찌꺼기 모양, 상업학교에 어울리지 않는 낙오생이었다. 그래도 지금 내게 기억되는 서울여상은 많은 아름다운 공간으로 가득 차 있었다. 계절이 바뀔 때 마다 노란 개나리가 푸릇푸릇한 초록으로 바뀌고, 뒷동산은 가을이 되면 온갖 형형색색의 가을로 환상적인 색을 보여 주었다. 무더운 여름 매미소리가 창가에서 들리면 선생님은 국사를 가르치시다 말고 우리에게 정겨운 목소리로 당신의 생활 철학을 들려주셨다. 여성으로 가져야할 자부심, 적극적인 사회 참여 의식 등등. 만약에 사랑하는 사람을 만났을 때 다소곳하게 그 남자가 내게 다가오기를 기다리는 여염집 규수는 구세대 여성이라며, 도전하는 여성, 성취하고자 노력하는 여성이 되라고 가르치셨다. 가끔은 조선실록에 실려 있는 재미난 야사들도 가르쳐 주셨다.

어느 무더운 여름날 우리는 한껏 기다렸다는 듯 선생님께 첫사랑 얘기를 졸랐다. 그 당시 최고의 서울대 대학원을 졸업하신 선생님의 첫 사랑 얘기는 우리에게는 부러움과 존경의 대상이었다. 나는 아직도 선생님께서 들려주신 그 아름다운 이야기의 한 구절도 잊어본 적이 없다. 그것은 백마를 타고 나타난 왕자와의 아름다운 사랑이야기가 아닌, 한 여인이 가정을 이루기 위해, 결혼이라는 숙명을 지키기 위해 노력하고 인내하는 힘든 과정의 인생이야기였다. 지금 생각해도 아무런 꾸밈 없이 솔직하게 당신의 생각과 생활 그 자체를 우리에게 들려주신 선생님이 고마울 뿐이다.

그 아름다운 이야기의 처음은 대학원시절 사부님을 만나셨던 그 시간으로 돌아갔다. 김종원 교수님께서는 서울대 대학원까지 졸업하신 엘리트이셨지만, 경제적으로 그다지 여의치 못해, 입고 계시던 양복 한 벌이 가지고 계신 신사복의 전부였고, 굳이 신혼집을 마련해주시겠다는 친정집의 호의도 마다하실 정도로 강직하고 자존심이 세신 분이었다고 하셨다. 그렇게 선생님은 가난한 대학 강사와 신혼을 시작하셨다. 그러나 그보다 내게 더 큰 의미와 존경으로 들었던 선생님의 사랑얘기는 남편을 재교육을 하시기로 작정하신 선생님의 의지셨다. 아마도 6.25전쟁 이후의 그 시대의 많은 남자들이 겪어야 했던 이데올로기의 갈등, 상실된 시대를 살아야 했던 지식인들의 아픔이라고 감히 생각한다. 세상에서 상처받은 남편을 따뜻한 사랑으로 감싸 주시겠다는 선생님의 지혜와 남편에 대한 깊은 애정에 그때와 마찬가지로 지금도 감동하고 있다.

남편에 대한 첫 번째 교육은 클래식 음악을 듣게 하는 것이었다. 아마도 신념은 강하지만 세상에 타협하지 못하시는 김 교수님의 곧은 성품을 클래식 음악으로 달래고 어루만져 주고 싶으셨던 것 같다. 늘 퇴근하고 오시면 듣게 되는 클래식 음악에, 언제 부터인가 귀에 익은 음악이 나오면 환한 웃음을 보이셨다는 김종원 교수님. 하루는 선생님께서 남편께 여쭤봤단다. 어떤 클래식 음악이 좋으시냐고. 그랬더니 대뜸 베토벤 교향곡이 제일 맘에 드신다고 하셨다. 그래서 왜 베토벤 음악이 좋으시냐고 물어 봤더니, 베토벤 음악은 끊어질듯하면서도 계속 이어지는 그 교향곡에서 베토벤의 강하고 투철한 신념이 보인다는 것이었다. 그러던 김 교수님은 세월이 지나면서 점점 모차르트를 좋아하시게 되었단다.

두 번째는 화초 특히 난초를 기르시게 하는 교육이셨다고 했다. 늘 화초에 물을 주고 기르면서 갖게 되는 베푸는 사랑을 터득하게 하고 싶은 선생님의 깊은 사고에서 나온 기발한 아이디어였다. 화초에 매일 물을 주는 남편을 보면서 흐뭇해하시는 선생님의 모습이 연상된다. 얼마 후 선생님께서 남편에게 어떤 화초가 예쁘냐고 여쭤보셨더니, 한순간의 망설임 없이 선인장이 제일 맘에 드신다고. 물을 매일 주지 않아도 투정하지 않는 선인장의 강한 생의 집념이 맘에 드신다고. 세 번째 시도는 강아지를 키우게 하는 것이었다. 처음에는 밥만 축내는 강아지를 못 마땅하게 생각하시더니, 날이 갈수록 강아지에 대한 애정표시를 하시는 남편을 보게 되셨단다. 그러던 어느 날 강아지가 사라진 날, 김 교수님은 강아지를 찾느라 하루 종일을 밖에서 보내셨단다. 그때 그 강아지를 다시 찾으셨는지 지금 나는 그것까지는 기억하지 못한다. 하지만 선생님의 남편 재교육 프로그램은 그렇게 성공리에 끝내셨다며, 그 당시 김종원 교수님이 '샘터'와 인터뷰 때 당신보다 더 인자하신 모습으로 사진이 찍혔다고 웃으시는 선생님의 얼굴에서 남편을 향한 지극한 사랑을 보았다.

오랫동안 그리워했던 선생님을 지난 2017년에야 만나 뵙게 되었다. 선생님의 우아하고 아직도 소녀처럼 청초한 모습에 놀랐다. 선생님은 40 년 전 모습 그대로셨다. 행인들이 마구 지나다니는 풀밭에서도 어렵게 찾아내신 네잎 클로버를 내게 주시며 행운이 꼭 찾아올 거라 믿으시는 선생님. 마치 소녀처럼 풀밭에서 네잎클로버를 찾으시는 그 모습을 보면서 나는 윌리엄 워즈워드의 시 '무지개'를 생각했다. 작년에는 남편과 아이를 데리고 선생님을 찾아뵈었다. 친정엄마가 오래 전에 돌아가셔서, 둘째 아들인 바다에게 외할머니의 따뜻한 사랑을 한 번도 제대로 못 받게 한 것이 늘 마음에 걸렸었는데, 바다는 선생님의 애정을 부산에 있는 동안 며칠간 독차지 했다. 그저 바다가 음식을 먹는 모습만 보셔도 기뻐하셨다. 우리 가족은 아직도 선생님을 그리워하면서 부산에서의 추억을 잊지 못하고 있다.

나는 선생님의 시를 좋아한다. 가끔 선생님의 안부가 궁금하고 선생님이 보고 싶으면 선생님 블로그의 시를 읽어본다. 시는 그 사람의 마음을 읽게 한다. 어떤 문인보다도 진솔하게 당신의 감정을 아무런 기교 없이 써 내려가신 시들을 볼 때마다 선생님 시의 한 구절 한 구절이 마음에 와 닿는다.

매일 아침 떨리는 마음으로 가을을 배웅한다.
아침 산책에 발밑으로 떨어지는 빨간 낙엽
이쁘게 흔들리며 우수수 내려앉는 노란 잎새

(중략)

나무들의 고운 마지막 잎새에 이별을 고하며
우리는 가을 역에 내려서
겨울 역으로 바꿔 타고 있구나……

오늘은 선생님께서 올해 쓰신 두 권의 책을 받았다. "원세개"에 관한 책을 읽으면서 억울하고 분한 마음을 가누기 힘들었다. 옳은 역사를 배운다는 것은 중요하다. 다시 그 역사의 잘못되었던 오류를 범하지 않기 위해, 우리는 선인의 발자취에서 옳고 그름을 판단할 수 있어야 한다. 한 나라의 역사는 그 나라의 미래를 결정한다. 내 자식에게 밝은 미래를 보여 주기 위해선 지금의 역사를 우리는 바로 쓰고 잘못된 현실은 지금 고쳐야 한다. 선생님의 값진 저서가 우리 젊은이들에게 많이 읽혀, 이 어려운 현세에 밝은 미래를 밝혀 주는 등불이 되었으면 한다.

얼마 전 안부 인사차 전화를 드렸더니, "땡감이 단감 된다 안카나" 하시며 고진감래를 운운하셨다. 나는 속으로 생각했다. 그 땡감 하나하나를 신문지로 곱게 싸서 우리들 하나하나가 단감이 되도록 돌봐주신 선생님이 바로 단감의 비법을 가르쳐 주신 당사자이시라는 것을.

스위스 취리히에서 **안종숙** 드림. (서울여상 49회)

06
묻혀진 30년! 찾아낸 10년! 지켜갈 30년!

나이 50에 막 들어선 4월 어느 날,

일산에서 부동산 모임을 통해 알게 된 친구에게서 연락이 왔다.

"미자야, 서울여상 50회 친구들이 모인데~~ 너도 같이 가자."

일반적으로 여자들에게 친구하면 '여고동창생'이 빨리 떠오른다. 그만큼 친구들과의 추억도 많고 만남도 길게 가기 때문이리라. 그런데 내게는 여고동창 친구들이 많지 않았다. 1학년 때 친구 2 명과 가끔 연락하고 있었고(그것도 각각), 2학년 때 친했던 친구 2 명은, 한 친구는 외국에, 한 친구는 멀리 지방에 내려가 살면서, 겨우 몇 년에 한 번씩 안부만 물을 정도였고, 3학년 때는 1학기가 끝난 직후 곧바로 취업을 하면서 연락이 닿는 친구가 한 명도 남지 않았었다. 같은 일산에 살고 있어서, 그래도 가장 자주 연락하는 1학년 때 친구에게 연락해보았다. "○○야, 서울여상 50회 모인다는데~~ 너 혹시 연락 받았니?" "아니 그런 소식 못 들었는데." "그래! 우리 같이 가자.” 그때는 그런 소식을 내게 전해준 친구가 있고, 또 내가 전해줄 친구가 있다는 게 나를 기쁘게 했다. 그래서 우리 셋은 함께 2010년 4월17일 첫 모임에 참석할 수 있었다.

졸업앨범 속 사진을 넣은 이름표!

우리의 첫모임을 주선한 그 친구는 30 년을 떨어져서 서로 못 알아볼 친구들을 위해 이름표를 준비했다. 그 이름표 속에 30 년 전 졸업앨범 속의 얼굴을 넣었다. 깜짝 놀랄 아이디어였고, 30 년을 지나며 서로 변한 얼굴에, 그 어색함을 풀기 위해 좀 더 긴 시간이 필요했을 친구들에게 우리 여고시절의 사진과 나이 50의 아줌마의 얼굴이 함께 클로즈업 되며, 30 년의 묻혀진 세월의 벽이 순식간에 허물어져 내림을 느낄 수 있었다. 그때 밤을 새워 그 이름표를 준비했던 친구는 지금 우리들의 대장이 되었다.

30 년이 지난 친구들의 모습은 참으로 가지각색이었다. 우리 학교 특성상 금융권에서 일하는 친구들이 많은 것은 당연한 일이었겠지만, 그 밖에도 교사, 공무원, 세무사, 간호사 등의 전혀 다른 전문직과 부동산중개업, 학원, 꽃집, 편의점등을 운영하며 사업하는 친구들도 많았고, 특히나 연극을 하는 배우 친구가 2 명이나 있어 신선하고 신비롭기도 했다. 나 또한 당시에 주택관리사 시험에 합격하여 아파트 관리소장으로 갓 취업한 상태여서 친구들의 직업 다양

성에 한 몫을 했을지도 모르겠다.

그렇게 첫모임을 시작한 서울여상 50회 친구들에게 대장은 정말 고맙고, 또 고마운 친구였다. 첫 모임의 이름표에서 알 수 있었듯이 그 친구는 친구들 간의 오랜 세월의 간격을 단축시키기 위해 많은 노력을 하였다. 이름표는 그 후 1년 넘게 새로운 친구들이 나올 때마다 새로 만들어 준비해 주었고, 때때로 적당한 모임을 주선하고, 모임마다 적당한 이벤트를 준비하여 회칙도 없고 회비도 없었던 우리 모임을 10 년을 끌어오며, 나에게 또 다른 친구들에게 '여고동창생'이라는 친구 선물을 잔뜩 주어 50대 인생 - 10 년을 외롭지 않고 행복하고 즐거운 인생으로 바꾸어 주었다. 더불어 30 년의 간극이 있었던 친구들에게 연극을 하는 두 친구들은 우리가 빨리 친해질 수 있는 계기를 만들어 주었다. 지금은 연극무대에서 보다 TV를 통해 보기가 더 쉬운 친구들이지만, 그때만 해도 대학로에서 자주 연극을 하였다. 대장이 이 소식을 친구들에게 알리면 함께 연극을 보고 응원도 하며 수시로 만났다. 이를 계기로 오랜만에 만난 친구들이 빨리 익숙해졌으며, TV에 나오는 스타 친구를 둔 자부심을 가질 수도 있었다.

친구들을 만난 지 2 년이 지난 2012년 어느 날, 연극배우인 한 친구의 연극을 보고 너무 좋아 나는 남편과 아들을 데리고 연극을 한

번 더 보러 간 일이 있었다. 연극을 본 남편은 그 배우의 여고시절 얼굴을 궁금해 했고, 나는 여고 앨범을 가지고 나왔다. 그런데 앨범 사이에서 갑자기 누런 편지지 한 장이 '툭'하고 떨어졌다. 그 편지를 펼쳐보았다.

〈헤어져야 할 여러분들에게 보내는 마지막 편지〉

또 하나의 큰 맺음과 다른 하나의 새로운 시작을 하여야 할 시간을 맞으며, 이젠 여러분들과도 영이별일 것이라는 생각에 허허로운 마음 둘 바를 모르겠습니다.

풍설이 쓰라렸던 여상에서의 추억들…, 그러나 무엇인가 우리의 가슴에 심어주었던 그 시절들을 이제는 다 지나치고 끝맺음하는 이 마당에서 세월의 빠른 흐름을 絕感할 뿐입니다…. 창조하는 사람, 신념에 찬 사람, 용기 있는 사람. 그리고 이 모든 것을 실천할 수 있는 사람은 행복한 사람입니다….

"low living" 하더라도 항상 "high thinking"하십시오.

最善을 다해 여러분의 人生을 살아가기 바랍니다.

이제 헤어져야 할 시간이 가까웠나 봅니다. 내 옆을 떠나는 여러분들이여, 그 간에 그 청순한 여러분들로부터 많은 것을 배웠습니다. 결코 잊지 못할 것입니다. 잘 가십시오. 그리고 언제 어디에서 살 지라도 행복하고 넉넉한 삶을 영위하여 주십시오.

안녕히!…….

1979. 12. 15 李陽子

33년 전, 고3 때 담임선생님이셨던 이양자 선생님께서 졸업하는 제자들에게 주신 편지였다. 빛바랜 편지를 읽으며 가슴이 먹먹해지고 어느새 눈물이 흘러 내렸다.

'나에게 이런 담임선생님이 계셨었구나.'

솔직히 짧은 3학년 시절의 기억이 별로 없었다. 친구들도 담임선생님마저도 잊고 산 세월이었는데…, 그 선생님께서 - 지금은 연만해지셨을 - 연락이 닿았다! 친구들 카페에 선생님의 편지를 올렸다. 선생님의 글씨는 필체 자체에서 나오는 단아함과 정결함이 있어 선생님의 필체 그대로 올리고 싶었지만, 그 때만 해도 스캔을 떠서 올리는 법을 몰라서 선생님의 글을 그대로 타이핑하되 가능하면 띄어쓰기, 한자, 영어…, 점 하나까지 그대로 올리려 노력을 하였고, 이 편지를 읽은 친구들의 반응은 폭발적이었다.

"이거 읽고 눈물 흘리는 주책바가지는 나뿐?? "

"쌤~~~진정한 우리들의 스승이셨는데… 수업시간에 툭하면 노래하고 낭만을 즐기던 멋진 우리의 쌤… 사랑합니다. 찾아뵐 수 없나…???"

"나 이 선생님을 너무 좋아했어. 왜냐하면 내가 역사를 좋아했는데 내가 바라는 역사를 선생님께서 가르쳐 주셨거든. 교과서에 나오지 않는, 대입 준비하는 인문계 애들은 모르는 그런 역사. 나는 지금도 누가 왜 아직도 역사에 그렇게 매달려 사느냐고 물으면 내 고3 때의 역사 선생님 영향이라고 대답한다. 나 정말 잘 울지 않는 사람인데… 눈물이 나네…"

"창조, 용기, 신념, 실천… 내가 이제껏 살아온 과정이 그래서 그랬던 거였구나… 잊고 있었다. 그리고 이제 알겠다. 정말… 정말… 뵙고 싶다. (우리를 끝으로 부산대로 가셨는데….)"

"옛 스승이 그리운 나이가 되었나? 늘 하얀 손수건을 들고 계시던 모습이 눈에 선하다."

"3 년 내내 복도에서 스치는 모습만 뵙고 아쉽게도 가르침을 받는 행운은 얻지 못했다. 늘 기품 있고 단아한 모습이셨는데 외모뿐 아니라 지와 덕을 겸비한 참스승이신 거 같아~~!"

"떠나는 제자들에게 주는 진심어린 편지로 평생의 가르침을 주셨는데 이걸 이제야 여기서 알아채네…. 다시 30 년 이렇게 살아야 하는 거지? 그치?"

"나는 중학교 때부터 역사, 세계사 이런 과목 참 싫어했어. 고등학교 2학년 때까지. 근데 3학년 이양자 선생님께 국사 배우면서 처음으로 알았지 역사가 그렇게 재밌는 과목이라는 걸. 이양자 선생님 보고 싶다~~~"

친구들의 요청에 따라 또 한 장의 편지 <예비숙녀 淑에게 띄우는 편지(1979.12.1)>를 카페에 게재하였고, 우리는 함께 추억할 수 있는 소중한 스승님을 가질 수 있게 되었다. 그리고 우리 친구들이 선생님을 기억해 내자 선생님께서도 함께 하셨다. 나이 제한을 걸어 놓은 카페에 가입하기 위해 여러 번의 시도를 하여 기어코 회원이 되셨고 글을 남겨 주셨으며, 선생님의 글이 담긴 동인지와 함께 직접 정성껏 말려 코팅한 네잎클로버를 잔뜩 보내주셨으며, 그 후에도 시집과 최근에 저술하신 '20세기 중국을 빛낸 자매 송경령과 송미령' 책자까지 보내주시며, 우리의 영원한 선생님이 되어 주셨다.

오늘 이 글을 쓰는 것은 30 년의 세월을 뛰어 넘어 나의 50대를 함께해준 서울여상 50회 친구들과 그 친구들을 만들어준 우리 대장 허남주! 고등학교를 졸업하는 제자들에게 진심어린 편지를 남겨주시고 다시 찾은 제자들을 정성으로 기억해주신 이양자 선생님께 감사의 인사를 전하고 싶어서이다.

고맙다 친구들아! 앞으로 30 년 부탁한다. 우리 대장!

사랑합니다. 이양자 선생님! 오래오래 건강하세요.

이미자 (서울여상 50회)

07
‘모딜리아니’와의 작별

지금도 내 메일함에는 보낸 사람 ‘모딜리아니’로 보관된 몇 통의 전자우편이 있다. 써니(선희)는 왜 짧지 않은 화가이름을 다음 포털사이트의 닉네임으로 썼는지 나는 물어보지 않았었는데, 이렇게 궁금해 하며 회상하게 될 줄은 몰랐다. 클릭하면 열리는 편지는 활자체라서, 얼핏 보면 내가 보낸 건지 써니가 보낸 건지 생명력이 없다. 새삼스럽게 손편지의 가치를 알게 되었다.

감수성이 예민했던 시절 힘들어 하면서 서울여상에 다닐 때 만난 친구 선희를 잊지 못한다. 써니와의 깊은 사귐이 시작되었던 것은 그림 때문이었다. 2학년 때 써니는 뛰어난 언변으로 일약 반장이 되었다. 내가 보기에 써니에게는 어울리지 않는 역할이었지만, 그 말을 입 밖에 내지는 않았다. 반장이 된 써니는 새 학기 교실 환경미화를 주도하게 되었다. 써니는 르누아르의 나체 소녀상 액자를 교실에 당당하게 걸었다. 그걸 본 남자 담임선생님은 얼굴이 붉으락푸르락 해져서 그 액자를 내리라고 했고, 써니는 써니대로 '예술을 예술로 받아들이지 않고 이해를 못하는 사람'이라고 아주 분개했다. 계속되던 선생님과의 갈등 속에서, 그 사건을 정점으로 써니는 반장직을 사퇴했다. 학창시절에 그런 일은 흔하지 않은 일로 큰 충격이 아닐 수 없었다. 써니는 울면서 나를 찾아와 자신의 심경을 얘기했고, 그렇게 우리는 친해져갔다.

학교 시험이 끝나면 삼청동에 있는 정독도서관에 가서 유명화가들의 화집을 열람했다. 이미 40여 년 전이다. 당시만 해도 국내산 화집은 아주 귀했고 질도 좋지 않았다. 같은 화가의 화집을 두 권을 골라 인쇄가 뛰어난 일본판으로는 작품 감상을, 한국판으로는 해설을 찾아서 읽었다. 그건 꽤 번거로운 일이었다. 수록된 작품도 같지 않고 순서도 뒤죽박죽이어서, 해당 그림의 해설을 찾아서 읽을 때면 뿌듯했었다. 써니의 인도로 들어선 미술 감상의 세계였다. 피카소가 청년 시절에 그린 청색시대 작품들이 인상적이었고, 그 외의 여러 화가들… 써니는 고흐를 나는 고갱을, 써니는 마네를 나는 모네를 좋아했다.

3 년 전에, 다시 모딜리아니를 만났던 것은 태국 치앙마이 여행 때였다. 여행을 하다보면 기대 이상의 감동을 주는 곳이 있다. 치앙

마이의 고산 5부족마을이 그러했다. 그중에 카렌족이 있었다. 목이 길어야 미인이라고 어려서부터 목이 길어지게 목에다 구리로 된 링을 거는데 30cm정도로 길어진다고 한다. 실제로는 그보다 더 긴 여인들도 있다고 한다. 목이 긴 여인들을 만났다.

'아! 모딜리아니! 그의 초상화 인물들은 대부분 목이 길고 눈동자 없이 푸른 눈만 그려져 있다. 그는 영혼을 알게 되면 눈동자를 그릴 수 있을 거라고 아내에게 말했다. 불행하게 살았던 그가 짧은 생을 마친 다음날, 그의 아내는 임신 9 개월의 몸으로 친정집 6층에서 투신했다.'

써니가 이승에 있을 때 난, 이 이야기를 모르고 있었다. 기념품으로 목이 긴 목각인형을 공들여 골랐다. 거실에 두고 볼 요량이었다. 우리는 문학소녀였다. 써니는 독서량이 엄청났고 읽었던 걸 잘 기억하고 있었으며 상식이 풍부했다. 써니의 두뇌는 내가 넘을 수 없는 벽이었다. 함께 있으면 시간은 금세 지나갔고 우리들의 화젯거리가 끊기는 법은 없었다. 결혼 전에 둘이서 며칠씩 휴가여행을 다닌 적이 있었다. 첫 여행은 공주 마곡사였다. 황금벌판이 보기 좋은 추석 연휴 때였다. 용산 터미널에서 출발했던 당시에는 교통이 아주 불편했었다. 숙박지까지 가는 도중에 날은 이미 어두워졌다. 시골길엔 가로등도 없었으며 마주 오는 차량의 불빛조차 없었다. 서울에서 태어나 자란 우리에게 이렇게 까만 밤의 강렬함은 처음이었다. 버스가 달릴 때면 보이지 않는 터널 속으로 빨려들어 갈 것 같았다. 써니는 불안감에 어쩔 줄 몰라 했다. 잠을 자라고 해도 자지를 못했다. 달리는 차속에서 잠을 자면 죽어버릴 것 같아서 아무리 피곤해도 잘 수가 없다는 것이었다. 어떤 예감이었을까? 그 후에도 써니는 뜬금없이 "너는 죽는 게 무섭지 않니?"라고 물어올 때가 있었다.

건강하고 생기발랄하고 이기적이기도 했던 써니가 암에 걸릴 줄은 정말 몰랐다. 해마다 수술을 한 번씩 했고 수차례의 항암치료가 이어지곤 했다. 나는 써니가 입원할 때는 물론이고 항암치료를 받으러 올 때도 매번 달려갔다. 병원에서 하자는 대로 다 해도 병 앞에 장사는 없었다. 마지막 절망적인 선고를 받았다. 나는 집에서 며칠을 울었다. 앞으로 살아가며 얼마나 써니를 그리며 울 날이 많을까? 오래지않아 "얘, 너는 무슨 애가 그리 냉정하니?"로 시작하는 써니의 전화가 걸려왔다. 올 일이 왔다. 다혈질이고 격정적인 써니의 성격을 잘 알고 있었지만, 뒤통수를 망치로 얻어맞은 듯 했다. 나에 대한 원망이 줄을 이었다. "너 같은 애를 친구로 사귄 내가 천치다" 하는 말까지 거침없이 뱉어냈다. 이 내용을 간호하는 가족이나 써니 언니가 아마도 방밖에서 듣고 있을 거라는 데 생각이 미쳤다. 그러면서도 아마 내게만 이러는 것이 아니라 필시 가까운 남편, 그동안 간병해준 언니, 어쩌면 두 아들에게도 그랬을 거라는 생각이 들었다. 견디기 힘든 통증, 일찍 찾아온 죽음 앞에 폭발시키고 싶은 분

노가 있었을 것이다. 잠잠히 넘어갈 써니가 아니다. 장시간에 걸친 통화가 끝났다. 나는 또 한참을 울었고 밤새 잠을 이루지 못했고 써니 얼굴을 보기가 무서워졌다. '정을 떼고 가려고 이러나?' 싶기도 했다.

주위의 친구나 지인들이 병으로 죽음에 이르기까지 우리는 무엇을 얼마나 해주었을까? 써니도 2 년 전에 앞서간 친구에게 병문안을 한 번밖에 가지 못했던 데 대한 미안함을 토로했었다. 나도 물론 써니에게 더 잘해주지 못해서 미안했다. 나중에 전해들은 얘기로는 내가 써니 손이라도 잡고 울거나 감정표시를 많이 해야 하는데 그러지 않았다는 것이다. 사실은 병문안을 가도 그럴 기회는 거의 없었다. 특히 친구들과 여럿이서 병문안을 갔을 때 내가 써니 앞으로 가지 않고 뒤에 서 있었던 것도 섭섭해 했다. 나는 자주 다니니까 다른 친구들에게 자리를 양보해 준 것이었는데, 그게 아니었나보다. 얼마 뒤 전화가 왔다. 써니가 기력을 다해서 말하고 있었으나 웅얼거리는 듯한 소리는 잘 들리지가 않았다. 더욱이 내 청력도 노화가 시작되고 있었다. 자신이 왜 그랬는지를 한참동안 얘기했고 알아듣는 체 하는 건 내 역할이었다. '안 들린다.'는 외침은 가슴속에서만 공허하게 맴돌았다. 마지막에 "그래서, 그랬던 거야."라는 말만 명쾌하게 들려왔다. 상대방이 누가 되었든지 간에 마지막 작별 인사는 대부분 예기치 못하게 닥쳐오겠지만, 이럴 줄은 몰랐다. '사람과 사람 사이에는 섬이 있고, 이런 게 인생이구나'하고 승복하는 수밖에 없었다. 처음처럼 마지막에도 써니는 일방적으로 말했고 나는 들었다. 죽음을 앞둔 써니가 가장 후회한 것은 '다른 사람들을 많이 사랑하지 못했던 것'이라고 했다.

선희의 부고를 받은 것은 지리산 피아골 대피소에서였다. 피아골 계곡의 유명한 삼홍단풍보다도 대피소 앞마당의 단풍나무 몇 그루가 더욱 붉었다. 다음날은 반야봉에 오른 후 뱀사골로 하산할 예정이었다. 동행인 친구가 있어서 돌아가자고 할 수도 없어서 발인 날 새벽에 조문가기로 했다. 반야봉에 올랐다. "가을만 되면 구름 한 점 없이 파란 지리산의 하늘이 그리워진다."고 누군가가 말했던 바로 그런 하늘이었다. 파란 지리산의 하늘은 서럽도록 그리움으로 가득 차 있었다. 새벽에 장례식장에 가기는 처음이었다. 써니는 나와 단 둘이 있고 싶었나보다, 나의 정중한 인사를 받고 싶었나보다. 입관은 보지 못했지만 마지막 길을 쓸쓸하지 않게 배웅해 주었다.

5 년이 흘렀다. 단풍잎 떨궈낸 나뭇가지 사이로 하늘이 들어오듯이 써니 떠난 자리에 다른 친구들이 들어오기 시작했지만, 채울 수 없는 빈자리는 여전히 남아있을 거라는 사실을 써니도 잘 알고 있을 거라고 생각한다.

강금희 (서울여상 49회)

08
칭찬하고 또 칭찬하라

상사나 부모가 부하직원이나 아이들에게 관심을 갖는 순간은 무언가 잘못되거나 문제가 생겼을 때가 대부분이다. 반대로 문제가 없거나 잘하고 있을 때 대부분의 사람들은 무관심하다.

이렇듯 우리가 실제 살아가는 현실은 '긍정적인 것에 대한 관심'과는 너무나 거리가 멀기 때문에 마음 깊은 사람들은 긍정적인 것에 관심을 가지라고 끊임없이 강조한다. 긍정적인 일에 관심을 갖고 부정적인 일이 생겼을 때 긍정적인 방향으로 유도하는 행동 방식을 혹자는 '고래 반응'이라고 일컫는다.

왜 고래 반응인가? 그것은 범고래 훈련과 관련이 있다.

무게가 수천 파운드나 되는 범고래가 수면 위로 솟아 있는 줄을 넘어 점프할 수 있도록 하기 위해 조련사는 항상 고래를 칭찬하고 긍정적인 관계로 이끌어 가는 방법을 사용하기 때문이다. 그래서 나온 말이 "칭찬은 고래도 춤추게 한다."라는 말이다. 사람도 마찬가지다. 잘한 일을 칭찬해주었을 때 더욱 잘하려고 한다. 그러나 우리의 일상생활은 '고래 반응'과는 정반대인 '뒤통수치기 반응'으로 점철돼 있다. '뒤통수치기 반응'이란 잘할 때는 무관심하다가 무언가 잘못됐을 때 갑자기 뒤통수를 치면서 화를 내고 닦달하는 것이다. 그 큰 고래의 점프를 유도할 수 있는 것은 고래를 칭찬하는 조련사와의 긍정적 관계의 유지가 필수적임을 우리는 알 수 있는 것이다.

어디 그 뿐인가. "칭찬은 '양파'도 춤추게 한다."

강원도 철원군 중부전선 최전방지역의 한 군부대가 내무반에서 양파를 키우며 칭찬의 효과를 살펴보는 이색 실험을 진행하였다 한다. 육군 3사단 포병연대는 각 내무반별로 한 쌍의 양파를 똑 같은 장소에 놓고 병영생활에서 칭찬과 폭언, 사랑과 미움이 생물 성장에 미치는 영향을 관찰하기 시작했었다. 이에 장병들은 한쪽의 양파에게는 좋은 말과 관심을 표시하고 다른 양파는 병영 생활에서 오는 스트레스도 해소할 겸 욕설과 폭언을 3 개월째 퍼부었다고 한다. 또 칭찬을 해주는 양파는 마치 애완견을 다루듯이 잎을 부드럽게 쓰다듬어 주거나 정성스럽게 물을 갈아주었으며 욕설을 하는 대조군 양파는 손가락으로 슬쩍 찌르는 행동을 병행했다. 이 결과 장병들의 사랑과 칭찬을 받는 양파는 뿌리를 빨리 내리고 풍성하게 성장한 반면 폭언을 들은 양파는 덜 자라거나 가늘고 심지어 구부러지는 상태를 보이고 있었다. 병사들은 이 같은 '사랑의 양파 키우기'를 통해 칭찬과 배려의 중요성을 직접 체험하게 됐으며 이를 통해 상대방의 장점을 칭찬하는 행동으로 옮기고 있다고 했다.

정 병장(24)은 "칭찬을 받으면 잘 자라는 양파와 폭언으로 점점 죽어가는 양파를 보면서 사람도 마찬가지라는 생각을 했다"면서 "나의 말 한마디가 다른 사람에게 얼마나 큰 영향을 주는지 알 수 있었다"고 밝혔다. 부대 관계자는 "병사들의 폭언과 욕설이 생물에게 미치는 영향을 알아보자는 연대장의 제안으로 실험을 시작했다"면서 "칭찬받는 양파는 건강하게 성장하는 반면 욕설과 스트레스를 받은 양파는 성장이 느리거나 시들시들해지고 있다"고 말했다.

칭찬이라는 말은 누구나 좋아한다. 또 누구나 그 말의 뜻을 잘 알고 있다고 생각한다. 그러나 실제 우리의 삶은 칭찬과 격려보다는 질책과 부정적인 반응, 그리고 무관심에 둘러싸여 있다. 그러한 현실은 실제로 우리가 칭찬의 의미와 방법을 정확히 모르고 있다는 것을 반영한다.

칭찬을 통해 인생에서 승리할 것인가, 무관심과 질책으로 어제와 똑같은 삶을 살아갈 것인가. 이제 선택은 우리들 스스로에게 달려 있다. 칭찬은 결코 우리를 배신하지 않을 것이다. 칭찬의 힘은 우리가 상상했던 것 이상으로 위대하다.

자주 하는 이야기지만 나 자신도 그간 살아오면서 가장 어려웠던 일은 좋은 엄마가 되는 일은 쉽지 않았다는 점이다. 교직이라는 직장 사회생활 속에서는 열심히 공부하여 최선을 다해 가르치면 교직자의 임무는 어느 정도 가능하다. 그러나 엄마의 입장은 자식이 바로 나이며 나보다 더 나 자신이기에 안타까운 감정부터 앞서기 때문에 이성적인 좋은 엄마가 되기가 한참 어려워지는 것이다. 그런 과정에서 과연 나는 나의 아이들에게 얼마나 많은 칭찬을 하였던가? 그야말로 칭찬에 인색하였음을 반성하지 않을 수가 없다. 이제부터는 칭찬만 하리라…!

칭찬은 고래도, 양파도 춤추게 한다.
우리는 다시 한 번 이성적으로 감성적으로 마음을 가다듬어 보자.
긍정적인 면을 강조하라.
잘한 일에 초점을 맞춰라.
벌을 주지 말고 시간을 주어라.
무관심이 최대의 적이다.
과정을 칭찬하라.
동기부여는 스스로 하도록 만들어라.
인간관계가 최고의 경쟁력이다.

시작이 반이다.

가끔은 스스로를 칭찬하라.

칭찬은 결코 배신하지 않는다.

운경芸卿 이양자李陽子

가을

개나리 노란 꽃그늘 아래 3

가을 향기

그 여름도
오는 계절에 무너지고
말갛게 다가오는 가을 향기

티 없이 맑은 하늘을 향해
해맑게 핀 코스모스의 가녀린 자태
초록빛 무성했던 들녘은
황금빛으로 가을을 익혀가고

길가 어우러진 풀잎 위에 내린
새벽이슬에서 묻어나는 가을 정취

영롱한 풀벌레 울음소리에
진한 그리움 같은 가을 향기가
아련한 사랑처럼 번져난다.

이양자

01
내 인생의 나침반~♡ 이양자 교수님!

지난 세월을 돌아보면, 고2 때 담임선생님이셨던 이양자 선생님을 만난건 제인생의 축복이었습니다. 남들과는 조금 다른(?) 환경에서 서울여상에 진학했는데, 당시에 원했던 학교에 진학하지 못해서 1년 재수 생활을 했었지만, 고교 진학방식의 변화로 성적순으로 뽑는 실업계중 제일 좋은 학교인 서울여상으로 방향을 바꾸었습니다.

법조인을 꿈꿨었는데, 여상의 수업방식은 사회인을 위한 과목들이 반이 넘었습니다. 부기, 타자, 주산, 상업영어 등 난감하기도 하고 적응도 힘들고 대학진학은 더욱 어렵겠다 싶어서, 쉽게 말해서 가방만 들고 맥없이 그냥 학교를 다녔습니다. 그렇게 1학년을 마치고, 2학년 때 담임선생님으로 이양자 쌤을 만나 1학기 지나고, 2학기 때 선생님과 면담시간을 가졌습니다. 저의 학창생활을 다 아시고는, 우선 실업계학교에서 원하는 상과과목으로 급수 등을 획득한 후 사회생활을 하면서 제가 원하는 것을 하라고 진심어린 충고를 하셨습니다. 그래서 저는 마음을 다잡고, 머리도 기르고, 급수도 맞추고 하였으며 3학년 때는 담임선생님은 아니셨지만 바로 옆 반에서 틈틈이 저에게 격려와 응원을 해주셨습니다. 그 덕분에 국내회사에서 10 년 정도, 그 후는 외국계 카드 회사에서 9 년 7 개월을 근무했습니다. 첫 월급을 받고, 이양자 쌤과 고인이 되신 쌤의 남편이신 김종원 교수님과 무교동 낙지집 포차에서 첫 소주를 배웠습니다. 그 후론 김 교수님의 술친구는 제가 되었지요…. 참 많은 추억이 스쳐 지나갑니다.

결혼 후 신혼여행을 마치고는, 부산에 제일 먼저 들러 교수님 내외분께 인사했던 기억도 납니다. 산성막걸리와 염소고기로 우리 부부를 환대해주셨습니다. 하나밖에 없는 딸내미와 교수님과의 첫 대면은 명동에서~ 장미꽃 한 송이 들려서, 멀리서 지켜봤더니 한눈에 "너 애경이 딸내미구나" 하셔서 유쾌하게 웃었던 기억도…, 교수님 환갑 때 딸과 함께 축하하러 부산에 왔던 추억도…, 벡스코에서 모터쇼 할 때 부산에서 두 교수님과 함께 그 유명한 초원 복집에서 맛있게 식사한 기억도…, 딸내미가 해양대학교 해사대학에 입학해서 부산 영도로 이사 온 후는 가족이상으로 챙겨주셨던 일들…, 지금까지도 계속되고 있습니다.

중간에 제가 마음의 병으로 고생할 때 그 누구보다 마음 아파하시며, 병원에도 저를 끌고 함께 가주셨지요…. 선생님을 행복하게도(!?), 때로는 너무 가슴 아프게도 해드린 제자랍니다. 강연이 있으신 날은 지금도 "애경아 오늘 강연이 있으니 너 차타고 같이 가자!" 하시면 기쁘게 동행하여 강연 자료도 나누어드리고 강연도 듣고 합니다. 작년에 제 딸 결혼식에도 함께 참석하시어, 너무나 기뻐하시며 크게 축하해주셨던 기억도…, 또한 한 달 후면 제 딸의 딸이 이 세상 밖으로 나오는데, 이 또한 선생님께서 제일 기뻐하셨습니다. 선생님은 저의 친정 엄마가 48세의 연세로 일찍 하늘나라로 소풍을 떠나신 후론 제게 또 따른 엄마이시기도 했습니다. 올해 62세인 저는 내년이면 80세 되시는 선생님의 인생을 교훈삼아, 미래의 제가 어떻게 살아야 하는지를 보여주는 제인생의 나침반 같은 존재이십니다~♡.

한 달 후면 할머니가 되는 저는, 어떻게 인생을 살아가야 하는지를 선생님의 모습에서 아주 많은 것들을 예측하며 살아있는 교육을 실천하렵니다. 괜찮은 엄마와 멋진 할머니가 되는 게 제 소박한(?) 꿈입니다. 우리 이양자 선생님에게는 너무나도 못 미치겠지만, 선생님을 롤 모델로 삼아서 남아있는 인생의 이야기들을 채워나가도록 노력하고 싶습니다.

제 인생에 엄청난 인연으로 40 년 넘게 선생님과 제자의 연을 넘어 함께 해주심에 머리 숙여 따뜻한 고마움을 전합니다. 선생님의 내년 팔순을 진심으로 축하드리며 함께 동행할 수 있음에 영광입니다. 제가 선생님의 제자인 것이 너무나도 자랑스럽습니다.

부족한 제자 임애경 (서울여상 47회)

02

봄을 기다리는 겨울

안부를 여쭙고자 선생님께 전화를 드렸다. 백내장 수술까지 미루면서 제자들의 편지를 기다리시는 선생님께 안타까운 마음에서 여쭤보니, 동문들이 이런 저런 사정으로 글을 쓰지 못하고 있는 모양이었다. 선생님은 아무래도 한가한 내가 한편의 글을 써서 사계절로 나누어진 책의 '가을, 겨울'을 마감했으면 하시는 바람이셨다. 선생님의 은혜에 조금이라도 보답한다는 마음도 있었지만, 이 기회에 내 인생을 한번쯤 돌아보는 것도 좋을 것 같은 생각에, 조만간 글을 써서 보내 드리겠다는 약속을 드렸다.

누구에게나 늘 행복한 시간만 계속되지는 않는 것 같다. 살면서 시련도 겪고, 시련을 극복하면서 성취감도 느끼고, 또는 힘에 겨워 좌절하기도 하고. 무수히 많은 것들이 지나가 버린 겨울의 나뭇가지에도 다시 봄이 오듯이 우리는 또 다른 희망을 갖고 이 겨울을 살아가고 있다. 겨울은 새로운 봄을 위하여 준비하는 계절이다. 우리는 지금 이 겨울에 조심스럽게 한 발 한 발 내 딛고 다시 올 봄을 기다리고 있다.

지금 생각해보면, 내게 주어진 첫 번째 시련은 서울여상에 입학하면서 시작되었다. 사실 서울여상에서 주산 급수가 무급이면 취직 원서조차 쓸 수 없었던 것이 그때의 상황이었다. 담임선생님이셨던 진은숙 선생님께는 주산급수가 전혀 없는 나는 아예 안중에도 없으셨던 것 같았다. 취직을 못해서 남아있어야 하는 얼마 안 되는 학생들 중에서도 나는 거의 마지막까지 교실을 지켰고 남아있었다. 그러던 어느 겨울날 영어를 가르치셨던 송인혁 선생님께서 반가운 모습으로 원서를 내게 주셨다. 롯데호텔에서 온 원서인데 영어를 잘하는 학생을 보내라 해서 주신다면서. 담임선생님도 아니신 송인혁 선생님이 내미신 원서는 처음으로 받아보는 것이라 봉투를 여는 순간조차 감격이었다. 준비된 원서를 보내고 얼마 후에 면접을 보러 오라는 편지가 왔다.

면접보기 하루 전 아무래도 영어로 자기소개 정도는 할 수 있어야 된다는 생각이 문득 들어, 영어로 자기소개서를 써서 외울 수 있을 때까지 연습을 했다. 면접 보러 간 롯데 호텔은 면접 보러 온 수험생들로 가득 찼다. 들리는 말로는 이천 명의 원서가 접수되었고 그 중 많아야 오십 명이 정원수라 여기저기서 걱정하는 소리가 들렸다. 다행히 내 면접차례가 되었을 때 나이 드신 다섯 분의 시험관들 중에 한 분이 영어로 자기소개를 해보라 하셨다. 그렇게 운 좋게 면접시험에서 통과되고, 공채 1기의 70 명의 신입사원은 한 달간의 합숙 훈련에 들어갔다. 그 당시 성북동 무허가 판자촌 사글세 단칸방에서 온 식구가 새우잠을 자야 했던 나는 안간힘으로 마지막 평가 시험을 성공리에 끝내야 한다는 각오로 하루하루를 열심히 공부했던 것 같다. 신입 사원 대부분은 전문대 출신이 아니면 지방대 출신으로 고졸은 나 하나 밖에 없었다. 합숙 훈련이 끝나고 시험 결과를 발표하는 날이 내게는 세상에 새로 태어난 느낌이었다. 공채 1기에서 최우수 성적으로 입사하게 된 것이었다. 모든 세상이 내 것이 된 것 같았다.

회사생활을 하면서도 대학 진학에의 꿈은 버리지 못했다. 당시 롯데호텔 산하의 롯데쇼핑에 있는 면세점의 무역 담당 업무를 맡고 있었는데, 업무가 과중해서 밤 10시 넘어서 퇴근하는 것이 반복되는 일상이었다. 그 와중에 새벽반 학원수업을 들어가며 대학입시를 준비하는 것은 나와의 싸움이었다. 버스 안에서 졸다가 종점까지 간 적이 한두 번이 아니었다. 이양자 선생님처럼 사학도가 되는 것이 꿈이었던 나는 마침내 S대의 사학과에 합격을 했다. 하지만 집안 살림을 내가 벌어오는 월급으로 꾸려나가던 터라, 대학을 가려면 회사를 퇴직해야 했고, 살길이 막막한 엄마는 아직 내가 어리니까 집안사정이 좀 좋아지면 대학을 가는 것이 어떻겠느냐고 조심스럽게 물어보셨다. 그렇게 5년을 롯데쇼핑에서 롯데호텔로 근무처를 바꾸면서 다시 입시준비를 했다.

그 당시 야속하게도 문교부는 수시로 입시 제도를 바꿔서, 내가 다시 입시 시험을 볼 때는 S대의 야간 사학과는 1차로 바뀌어 높은 수준의 입학점수라야 합격이 가능했다. 불합격. 내 이름은 합격자 발표에 어느 곳에도 있지 않았다. 그동안 모아 놓은 돈으로 입학금도 마련했고, 엄마의 반대를 무릅쓰고 사퇴서를 제출한 상황이라, 배수진을 친 느낌이었다. 모든 대학이 1차로 몰리는 바람에 2차 대학의 사학과는 아무 곳에도 없었고, 울며 겨자 먹기로 K대학의 영어영문학과로 지원할 수밖에 없었다. 그나마 서울에 있는 야간 대라 낮에는 일을 할 수 있겠다는 계산 때문이었다. 이미 롯데에 사퇴서를 제출한 터라, 대학에 갈 수 있게 일찍 퇴근할 수 있다는 조건으로 선배 언니의 권유로 건축회사에 경리사원으로 취직을 했다. 그런데 한 달도 못 되어 사장 부인의 근거 없는 퇴직통고로 아무런 이유 없이 사직되는 상황이 되었다. 모든 게 막막했다. 더 이상 대학을 다닐 수 없는 상황에서 담당 영문과교수님께 자퇴서를 제출하러 갔는데, 교수님이 이번 학기는 장학금을 받았으니까 마치고, 다음 학기에 상황이 그래도 여의치 않으면 자퇴서를 제출하라 하셨다. 아마도 그 교수님이 아니셨으면 대학 졸업을 하지 못 했을 것이다.

하늘이 무너져도 솟아날 구멍이 있다는 속담이 있지 않은가. 얼마 후 다른 선배 언니를 통해 외국인 회사에 취직하게 되었다. 지사장이셨던 미국 할아버지는 혼자 고학으로 공부하신 분이라 내가 강의시간에 맞춰갈 수 있도록 여러 면으로 보살펴주셨다. 그 당시의 한국수출은 너무나 미약해서 주로 구미공단에서 어린 여공의 피땀어린 손으로 만든 봉제완구나 가발을 미국으로 수출하는 것이었다. 뉴욕에 본사를 두고 있던 미국회사는 봉제완구업체에서는 유명기업체이었지만, 대만 홍콩에 사업을 지나치게 확장하는 바람에, 한국 지사를 부득이 폐업해야 하는 상황이 되고 말았다. 2 년 동안 외국인 회사에서 배운 노하우를 살려서 다시 미국회사인 홀마크라는 유명회사에 취직이 되었다. 지금도 홀마크 생일카드는 전 세계적으로 유명하지만, 그때는 700 명이 넘는 디자이너와 30000 개의 상점을 미국에 갖고 있던 백년이 넘는 전통적인 회사였다. 대학에 재학 중인 이유로, 강의에 지장이 없도록 하겠다는 회사의 계약 조건 외에도, 많은 부서 직원들의 호의와 도움으로 4년제 대학을 무사히 졸업할 수 있었다.

어느 날 동창 친구한테서 뜬금없이 전화를 받았다. 힐티라는 스위스(사실은 리히텐슈타인에 본사를 둔 유럽회사) 회사에 근무하고 있던 친한 친구였는데, 독일 사장이 비서가 필요해서 나를 추천했다는 것이었다. 내게 한마디 상의도 없이 한 행동이었지만, 워낙 친한 친구라 뭐라 비난할 수가 없었다. 내가 인터뷰에 오지 않으면 친구가 곤란하다는 말에, 할 수없이 인터뷰에는 가줘야 친구 체면이 설 것 같아서, 밑져야 본전이란 생각으로 갔다. 사실 취업에 연연하지 않고 응한 인터뷰라 느긋한 마음으로 얘기를 이끌어갔다. 독일 사장은 나이가 지긋하시고 지성적으로 생기신 분이셨다. 우리는 업무와 상관없는 바흐와 모차르트, 괴테와 헤르만 헤세로 이야기를 마쳤다. 덕분에 인터뷰는 긴장되지 않고 재미있는 얘기만하다 아쉽게 끝나버리고 말았다. 마지막으로 인사를 하고 사장실을 나서려는데, 언제부터 근무할 수 있냐고 물어보셨다. 그렇게 시작한 유럽회사 근무는 생각보다는 힘들었다. 미국회사의 자유로운 환경에 익숙해져 있던 나는 미국과 유럽의 다른 문화를 접하게 되었고, 인터뷰땐 인자하고 너그러웠던 독일 사장은 근무 중엔 엄격하고 한 번의 실수도 그냥 넘어가지 않아 한시도 긴장을 놓을 수 없는 업무였다.

한편 본사에서 오는 직원들에게 한국지사 근무에 익숙해 질수 있도록 도와주는 임무도 내 비서 임무 중 하나였다. 스위스 본사에서 온 직원 중 유독 한 젊은 남자가 부끄럼을 많이 타고 말 수가 적은 것이 내게는 꽤 안타까워 보였다. 당시 코사리베르만이라는 스위스 회사 (퓨마, 아디다스, 웨빈픽 등을 관리해 주던 대기업) 에서 힐티

지사가 주식회사로 분리되어 나오는 것을 도와주러 온 이 스위스 직원은 6 개월 이상을 한국지사에서 머물며 업무를 처리해야 했다. 경리과 통역, 컴퓨터 설치 (그 당시 처음으로 지금과 같은 수준의 워드 프로세스와 로터스를 회사에 처음 도입시키는 단계였다) 업무상 관공서 출입 등등 모든 업무를 뒷받침 해 줘야 되는 상황에서 나이가 한살 차이 밖에 안 나는데도 워낙 잘난 척을 하는 통에 매일 티격태격 싸우다 급기야는 친해지는 사이가 되었다. 아마도 그 남직원이 열심히 일하는 모습에 호감이 갔었던 것 같다. 그 후 5 년간의 편지로 하는 긴 연애 끝에 나는 스위스로 향하는 비행기에 몸을 실었다. 송충이는 솔잎을 먹고 살아야 하는데, 하면서 속상해 하는 엄마를 뒤에 두고 떠나는 나의 마음은 불편했다.

내 두 번째 인생의 시련은 스위스에 도착하면서 시작되었다. 유럽이지만, 영어면 그래도 말은 통할 수 있으리라 생각한 내 계산은 처음부터 잘못 끼워진 단추마냥 어긋났다. 남편은 물심양면으로 내 부족함을 도와주고 채워주려고 노력했지만, 누구의 간섭도 없이 자유자재로 모든 일을 내가 결정해서 살아왔던 내 인생이 하루아침에 난관에 봉착하고 말았다. 요리에서 빨래, 청소까지 주로 친정엄마한테서 배워야하는 일상생활을 나는 남편한테서 배워야했다. 운전면허에서 기본 독일어까지 모든 것을 새롭게 시작해야 하는 것이 내게는 고역이었다. 스위스에서는 스위스 독일어(스위스방언)를 쓰기 때문에 독일어는 독일에 가서 괴테문화원에서 배워야 했다. 살면서 제일 힘들었던 것이 아이가 아플 때 의사에게 어떻게 말해야 할지, 아이가 유치원에서 말썽을 피웠을 때, 다른 아이 편만 드는 유치원 선생을 어떻게 설득해야 하는지 난감했다. 참고로 스위스에서는 4개 국어를 쓴다. 로잔느, 제네바에선 불어를 쓰고, 루가노와 로카르노에서는 이태리어를 쓴다. 몇몇 도시와 바젤 베른에서는 불어와 독어를 병행해서 쓴다. 하다못해 우유병 하나를 사도, 포장에는 적어도 3개 국어로 표기되어 있어야 한다. 말이 안 통한다는 것은 마치 어른이 다시 갓난아이처럼 취급되는 환경에 놓여진 비참한 상황이 되는 것이다.

다행히 아들 둘, 하늘이와 바다는 별다른 문제없이 건강하고 바르게 잘 커줬다. 하늘이는 지금 생물공학 논문을 준비 중이고, 바다는 건축대학원을 졸업했다. 믿는 만큼 크는 아이들. 나는 아이들에게 엄한 엄마이기 전에, 아이들이 학교를 마치고 집에 오면 기쁘게 맞이하는 따뜻한 엄마이고 싶었다. 이제 아이들은 성년이 되었고 자신들이 하고 싶은 전공을 마쳤고 사회로 나갈 준비가 되어 있다. 하늘이는 행복한 가정을 갖는 것이 꿈이고, 바다는 사람들이 살기 좋은 집을 짓는 것이 꿈이다. 두 놈 다 바른 생각과 너그러운 마음을 지닌 것이 내게는 무엇보다도 감사하고 기쁘다.

역사학을 공부하고 싶어 했던 그 젊은 날의 꿈은 나이가 55세가 넘어서야 이룰 수 있었다. 취리히 대학에서 서양미술사와 동양미술사를 배우고 올해 졸업을 하게 되었다. 물론 졸업 논문을 쓰기까지, 지도 교수님, 대학 동료들, 아이들, 남편의 도움이 없었으면 불가능한 일이었다. 이글을 쓰면서 내가 참으로 행복한 사람이라는 생각이 새삼 들었다. 살아오면서 힘들 때 이양자 선생님의 말씀이 많이 생각났고 또 큰 힘이 되어주셨다. "가슴에 별을 간직한 사람은 어둠 속에서 길을 잃지 않는다."고 하셨다. 가슴에 있는 별처럼, 하늘에 보이는 북극성처럼 내게 늘 길잡이가 되어 주신 이양자 선생님께 감사를 드린다.

내게는 세상의 누구보다도 고맙고 반가운 친구들이 늘 곁에 있다. 서울여상 1학년 때 만난 네 명의 친구들은 오랫동안 못보다 만나도, 마치 어제 헤어진 연인들처럼 기쁘고 즐겁다. 그중 하나는 가족들과 함께 며칠 후에 스위스로 올 예정이다. 우리는 작년부터 여행 일정을 세웠다. 열흘은 스위스에 머물면서 스위스의 이곳저곳을 같이 관광하고 다른 열흘은 잘츠부르크, 비엔나, 베니스, 로마, 피렌체를 여행할 예정이다. 친구가 나를 방문한다는 것은 그녀의 마음을 나를 향해 열어 준다는 것이다. 나 또한 바람처럼 다가오는 친구를 맞이하기 위해 기쁜 마음으로 준비하고 있다.

가톨릭 교회에서는 하느님의 나라에서 영생을 살 수 있다고 한다. 우리가 영생을 산다면 그건 과연 우리에게 무엇을 뜻하는 걸까 생각해 보았다. 내가 사랑하는 사람에게 아름다운 기억으로 남을 수 있다면 그것이 우리가 영생을 사는 게 아닐까 싶다. 나는 이 겨울이 오기까지 하루하루를 최선을 다하며 보냈다. 사랑하는 이에게, 친구에게, 이웃에게 그리고 멀리 떨어져 있지만 고국에 있는 가족에게.

새로 다가오는 봄을 준비하는 그런 설렘으로 오늘도 열심히 살고 있다.

스위스에서 **안종숙** (서울여상 49회)

03 즐거운 여행

프랑스 콜마르에서 여고 동창 종숙이와 함께했던 사진을 보며, 행복하게 보낸 지난 해 봄 종숙이와 함께한 스위스 여행과 아름다운 프랑스 알자스 지방에서 종숙이 부부와의 콜마르 여행을 떠올려 본다. 작년 4월, 둘째 딸의 산후조리를 위하여 스위스 바젤로 출발했던 여행이었다. 큰 딸이 미국에 살고 있을 때 샬럿으로 비행기를 타고 날아갔던 것처럼, 아마도 힘든 여정이 될 거라 생각했다. 산모와 아기를 돌보려면 스위스에 살고 있는 친구를 만날 거라곤 미처 생각지 못했다. 딸아이가 프랑스 파리에 살다가 사위의 직장 이직으로 갑자기 스위스 바젤로 이사를 간 거였다.

스위스라고 하니 종숙이가 떠올랐지만, 나 혼자 찾아갈 수도 없을 것이고 전혀 예상치 못했다. 하지만 산후조리 한 달 후, 종숙이의 채근에 선물처럼 주어진 스위스 여행이었다. 무조건 취리히행 기차

표만 예매해달라고 해서 혼자 기차 타고 오라는 거였다. 내 휴대폰은 로밍도 하지 않아 통화도 할 수 없었지만 무조건 종숙이가 시간 맞춰 기차역에 나온다고 했다. 딸과 사위도 이사 후 일정에 바빠 가보지 못했던 곳을 오랜 친구와의 만남을 통해 꿈결 같은 행복한 시간을 보내고 왔다. 친구를 만나지 못했더라면 아마도 산후조리 해준다고 집에만 갇혀 있다가 비행기 타고 돌아왔을 터인데, 취리히에서 더 많은 걸 보여주려고 내 손목을 붙잡고 이리저리 뛰어다니던 친구, 기차를 타고 아름다운 루체른 호수와 카펠교, 하얀 눈이 덮인 리기산을 보고 다시 취리히로 돌아와서 시내구경을 하고 종숙이 집에 가서 가족들과 저녁식사를 했다. 종숙이가 손수 구운 케익으로 후식을 먹으며 이야기를 하느라 시간 가는 줄 모르고 있었다. 취리히역에서 돌아오는 기차시간 놓칠까봐 허겁지겁 뛰어서 겨우 기차에 올라 돌아온 생각을 하면 아찔하고 늘 입가에 미소가 떠오른다. 그 후 귀국하기 전 콜마르 여행 때엔 종숙이 남편이 차로 딸집으로 와주셔서 너무 편하게 콜마르 여행을 즐길 수 있었다.

종숙이는 여고 2학년 때 같은 반이었던 친구다. 자그마한 키에 가무잡잡한 피부지만 이지적이기도 했고, 뭔가 특별한 매력을 지닌 친구였다. 우리는 만난 지 40 년이 흐른 후 SNS를 통해 만남이 이루어졌다. 여고 졸업 후 소식이 끊어졌던 터였는지라 잊고 지낸 세월이었다. 휴대폰 검색을 하다가 어느 날 종숙이와 접속이 되었고, 종숙이는 나를 찾고 싶다기보다 여고 때 은사님을 찾고 싶어 동문이 활동하는 인터넷사이트를 찾은 거였다. 그 선생님이 바로 이양자 선생님이셨다. 나는 총동창회 간사로 일을 하고 있고, 최근 몇 년 전부터 선생님의 소식을 접한 친구로부터 모임이 있으니 같이 나가보자는 권유도 받은 터였는지라, 선생님 연락처를 알 수 있다고 흔쾌히 대답을 했다. 반가운 대답을 들은 친구는 정말 기뻐하면서 스위스에 살고 있는데, 가끔 고국에 들리러가곤 하니, 올여름이 되어 꼭 만나자는 약속을 했다.

2017년 7월 어느 무더웠던 날, 종숙이는 여동생이 있는 서울 집으로 왔고, 오자마자 함께 부산 선생님 댁을 방문하기로 했다. 나는 파킨슨병을 앓아 요양병원에 누워계신 엄마의 검진이 있어 병원 진료 예약을 해놓았지만, 어렵게 동생에게 부탁을 했다. 바다 건너 날아온 오랜 친구를 만나기 위해 서울역으로 향했다. 두근두근 뛰는 심장을 안고, 도망치듯 집을 빠져 나왔다. 여고시절 친구를 만나고 선생님을 찾아뵙다니, 소풍 가는 어린아이처럼 설레는 마음이었다. 남들이 보면 허리는 굵어지고 눈가엔 잔주름이 자글자글하지만 우리는 서로 "그대로네." 하면서 얼싸안고 마주 보다가 어긋나다가 이리저리 쳐다보곤 했다. 기차 안에서 이야기를 주고받으며 웃다가 주위 사람들 눈치도 보면서 입을 모으기도 하고 크게 웃기도 했다. 다시금 여고시절로 돌아간 듯, 함께 공유했던 추억을 떠올리며 눈물

콧물 흘리며 깔깔거렸다.

어느새 기차는 우리를 부산역으로 데려다 놓았다. 고맙게도 애경 언니가 선생님을 모시고 우리를 픽업하러 나와 있었다. 우리 선생님은 별 변하지 않으셨고 짱짱하셨다. 너무나 반가웠다. 능숙한 운전으로 언니는 우리를 시원한 바다가 내려다보이는 근사한 식당에 데려갔고, 선생님께서 맛난 점심을 대접해 주셨다. 식사 후 시티투어 버스를 타려 했지만 날씨가 좋지 않아 그런지 하필 운행하지 않는 날이었다. 주차를 하고 해무가 낀 태종대 바닷길을 걸어 태종사에 올랐다. 내 생전에 그렇게 탐스럽고 아름다운 수국을 만나기는 처음이었다. 은은한 파스텔 빛깔의 탐스러운 수국은 두 손안에 품어지지 않을 정도로 큰 것도 있었다. 아련하게 피어오르는 해무와 어우러진 여러 종류의 수국, 우리 모두는 마치 천상에 와있는 듯 몽환적인 분위기였다. 부슬부슬 내리는 비조차 가릴 수 없어 우산을 접고 수국과 함께 배경이 되어있노라니 애경 언니는 연신 사진을 찍어댔다. '이렇게 좋은 곳이 있는데 부산이 고향인 남편은 어찌 한 번 데려오질 않았을까' 하는 서운한 마음도 들었다.

어둠이 밀려올 즈음 우리는 내가 가고 싶은 달맞이 길을 드라이브하기로 했다. 가끔 부산에 올 때면 바다가 내려다보이는 한적했던 길이라 갔더니, 깔끔한 건물들이 많이 들어선 카페 거리가 되어 있고 이국적인 분위기였다. 예전의 달맞이 길 느낌이 아니었다. 우리는 역시 국물이 당기는 나이인지라 시원한 대구탕으로 저녁을 맛있게 먹고 선생님 댁에 여장을 풀었다. 서울에서 어느 때나 제자들이 온다면 기꺼이 방을 내어주시는 선생님, 그 푸근하고 따스한 그늘에 이제서야 찾아온 게 좀 억울한 생각이 들었다. 선생님과 애경 언니, 종숙이와 함께 사십 년 가까운 세월을 거꾸로 돌려놓고 추억 속으로 젖어 드는 밤, 각자의 추억의 서랍에서 꺼내놓는 이야기로 하얗게 밤이 새는 줄도 몰랐다. 마치 시험 전날 벼락치기공부를 하다가 밤이 새는 것처럼 밝아있었다.

창밖이 희붐하게 밝아오는 것을 보고 서로 눈을 좀 붙여야 되지 않겠냐고 하면서, 잠을 청해보았다. 뒤척이다 한 시간쯤 잠이 들었을까. 애경 언니가 깨우는 소리에 일어나보니, 선생님과 언니가 준비해놓은 근사한 아침상이 차려져 있었다. 빵, 과일, 샐러드, 카카오닙스, 아로니아 가루 넣은 요플레, 커피로 아침을 먹고 선생님이 아끼시는 애완견 '빼로'를 데리고 온천천 산책을 했다. 단골 카페는 애완견을 데리고 갈 수도 있다니, 선생님께서 제자들이 올 때마다 얼마나 많은 커피를 사셨을지 짐작이 되었다. 우리는 하룻밤을 함께 지내고 보니 더욱 끈끈한 동지애가 생기는 것 같았다. 오늘 여행 떠날 준비를 하고 점심 식사할 곳을 찾았다. 부산에 오면 돼지국밥을 먹어보라는 말이 생각나서 점심은 돼지국밥으로 먹었다. 해운대

백사장을 향해 떠났다. 오랜만에 차가운 바닷물에 발을 담그고 물속에서 어깨동무도 해보았다. 서로 물장난을 해서 옷이 젖기도 하고 수학여행 온 여고생처럼 즐거운 시간을 보냈다. 돌아오는 길에 부산역에서 파는 어묵을 한 봉지씩 사서 주는 애경 언니, 제자들이 올 때마다 선생님의 발이 되어 여행안내까지 딸처럼 선생님을 살피곤 한다. 고마운 마음으로 인사를 하고 기차에 몸을 실었다.

중학교 3학년 시절, 헤아릴 수 없는 큰 사랑을 받은 선생님 한 분이 계셨다. 서울여상에 입학을 했지만 등록금이 없어 마지막 날까지 등록을 하지 못했다. 답답한 마음에 학교에 갔다. 선생님께서 부르시더니 등록금을 손에 꼭 쥐어 주셨다. 입학을 하고 여고1학년이 시작되었다. 넉넉한 가정이 아니었던 우리들의 여고시절은 암울하기만 했다. 초등학교 학생들을 가르치는 과외를 하면서 등록금을 보탰다. 빨리 취업을 해서 돈을 벌고 싶었다. 아니 그렇게 해야만 했다. 한창 꿈 많은 여고 3학년 7월에 직장생활을 시작하고 첫 월급을 탔다. 중학교 근처에 살고 계시는 선생님을 찾아뵈었다. 빌렸던 등록금을 드렸지만 선생님께서는 받지 않으셨다. 나는 비교적 일찍 결혼을 해서 아이 셋을 낳아 키웠다. 그러는 동안에도 늘 마음속에 고마운 선생님을 잊은 적이 없었다. 사부님께서 미국에 교환교수로 가셨다는 후로는 선생님 소식이 끊겼다. 나는 아이들을 일찍 키워서 마흔이 넘어 뒤늦게 공부도 했다. 선생님 생각에 그리워하다가 어렵사리 선생님을 찾을 수 있었다. 하지만 선생님께서는 투병을 하시다가 별세하셨다는 소식을 듣고 말았다. 남편과 함께 선생님께서 잠들어계시는 납골묘를 찾아 떠났다. 사부님께서 친절하게 집 근처 동산으로 안내해 주셨다. '조금만 더 일찍 찾아오지 그랬냐.'고 하시는 선생님 음성이 들리는 듯했다. 나는 그 앞에 엎드려 한없이 울었다. 사부님께서 재혼을 하셨기 때문에 더욱 속상했던 거 같다.

스승의 날만 돌아오면 나는 늘 마음이 아렸다. 그 후 은사님을 너무 늦게 찾은 후회가 밀려올 때, 친구들이 이양자 선생님을 찾아서 만난다는 소식을 들었다. 너무 반가웠다. 선생님을 만날 수 있다니…. 연로하셔서 병중이신 부모님 세 분이 계시니 쉽게 모임에 나가질 못했다. 스위스에서 선생님을 만나러 온다는 종숙이 덕분에 용기를 내서 너무나 반가운 선생님을 처음 만났고, 그 이후 가끔 소식을 전하곤 한다. 올해 우리는 회갑이 되고 선생님은 팔순이 되시니 이 또한 반가운 터에 스승과 제자가 작품집을 엮을 수 있는 기회를 갖기로 해서 정말 기쁘다. 선생님께서 지금처럼만 건강하셔서 십 년 후에, 선생님께서 구순이 되셨을 때에, 다시 이런 기회가 올 수 있기를 소망한다. 아니, 그 날이 올 것을 믿어 의심치 않는다.

장현자 (서울여상 49회)

04

결핍이 가져다 준 충만함

올겨울도 바람에 몰려 이리저리 굴러다니다가 각 모퉁이마다 쌓여있는 낙엽들이 동네어귀까지 메우고 있다. 내 마음도 그 모양새 같다는 생각을 한다. 명쾌하게 쓸어내지 못한 채 가슴 한구석에 밀쳐두고 사는 정리 안 된 감정들이 꽤 있고, 어떤 경우는 지나고 나야 명백해지는 것들이 있는데 내 고등학교 시절이 그 중 하나이다.

중3 때 아버님의 병환이 위중하셨기에 어머니께서는 나를 상업학교에 보내셨다. 그림 그리는 것을 무척 좋아해서 미대를 가고 싶었던 나는 취업 위주의 상업학교 생활을 원만하게 하지 못했다. 지금 생각하면 무악재에 우뚝 선 아름다운 팔각정에서 받았던 음악수업 및 미술반 클럽활동, 독창적으로 만들어 팀별로 공연한 각국의 민속춤 경연대회 등 수준 높은 지도와 후원이 이루어진 귀한 시간이었음에도 불구하고 어리석게도 나는 큰 그림을 보지 못한 채 우울

한 시절을 보냈던 것이다.

그러한 가운데서도 나를 지탱해준 두개의 기둥이 있었는데 친구와 선생님들이셨다. 17세의 번민과 사색을, 한 노트에 적어가며 서로의 마음을 나눈 친구, 지금도 내가 사는 곳에 어떤 꽃들이 피는지 어떤 나무들이 자라는지 궁금해 하는 친구, 어느 선생님의 부당한 체벌방식에 용기 있게 맞서다가 다리에 피멍이 들도록 맞으면서도 끝까지 신념을 지키던 친구, 그들이 그립다. 그다지 흥미롭지 않은 주제도 그 가르치시는 열정 때문에 우리를 열심히 공부하게 만드셨던 윤리선생님, 다소 냉소적이시면서도 수업만큼은 정말 재미있게 하셨던 수학선생님, 그리고 단지 시험을 보기 위한 암기용 지식공부에 그칠 뻔한 역사 시간을 아주 생생하게 인과관계를 그려주시며 이해시켜 주셨던 세계사의 이양자 선생님 덕분에 세월이 흐른 뒤 교회사를 공부할 시 그때 배웠던 중세기 내용들이 되살아나며 얼마나 큰 도움이 되었던지 모른다. 그 수업을 다시 한 번 더 듣고 싶다.

외환은행에서의 6 개월 실습기간을 마침과 동시에 나는 홍대 미대에 진학했다. 졸업 후 미술교사로 12 년간 근무를 하다가 1996년 어린 두 딸들과 함께 도미했다. 언어와 문화가 낯설기만 한 타국에서 홀로서기를 해야 했던 지난 24 년을 눈물 없이는 회상하지 못하지만, 그로 인하여 배우게 된 가치와 생명에 대한 사랑은 내게는 교金

보다 귀한 것이다. 현재 메릴랜드에 거주하면서 이곳 볼티모어 카운티의 초등학교들에서 Young Rembrandts라 하는 드로잉 프로그램을 운영하고 있다. 선생님들을 고용, 드로잉을 지도하는 것으로 올해 25 개의 초등학교들에서 시행 중이다. 지난여름부터는 민화 워크샵을 통해 이곳에 사는 한인 2세들에게 한국민화를 체험하는 길을 열고 있으며 시간이 지나면서 성인학생들도 참가하고 있다.

얼마 전 몽고메리 카운티에서 주최한 중국, 엘살바도르, 이디오피아, 인도네시아, 한국 등 5 개국이 참여하여 열린 다문화축제에 나는 한국대표로 참가했는데, 이벤트에 방문한 다양한 나라 출신의 어린이들이 조선시대 민화호랑이를 모자이크로 완성하는 프로젝트로 선보였다. 그때의 기사가 월간민화 10월호에 실렸다. 둘째아이가 대학을 졸업한 이후로 정진해온 수채화 작품들을 민화 워크샵을 하며 제작해온 작품들과 함께 선보였던 개인전의 기회가 한 달 전에 있었는데, 그때의 판매 수익금은 내게 곧 떠날 선교여행에 큰 보탬이 되어주었다.

지금 생각해보면 내게는 '부족함'이 곧 능력이었고 '결핍'이 재산이었던 것 같다. 의지할 아버지도 남편도 물질도 없었던 나에게 '아무 것도 염려하지 말고 다만 모든 일에 기도와 간구로, 너희 구할 것을 감사함으로 아뢰라.'하신 하나님이 친히 능력이 되어주시고 재산이 되어주셨다. 보이지 아니하는 세계에서 흘러나오는 능력으로 사는 사람들이 이 세상에는 잘 드러나지는 않지만 참 많다는 것을 배웠다.

서울여상, 한 교실에 모여 있던 우리 60 명들은 60 개의 가능성들이었다. 그 때는 한계라고 생각했던 '상업학교'는 지나고 나니 내 인생의 동력을 형성해준 Nursery였다. 열의 동력으로 달리는 증기기관차처럼 내가 생의 한 가운데를 향해 달릴 수 있도록 선로를 놓아준 곳, '서울여상' 그 때 그 시절 그 선생님들, 그리고 그 친구들이 무척 그립다.

미국 메릴랜드에서 이문주 (서울여상 50회)

이문주의 그림 엉겅퀴의 노래
출처: Instagram: moonjoos_garden

05
삶의 여정

아침 일찍 집을 나선다.

비춰오는 아침 햇살과 졸졸 흐르는 중랑천 물, 징검다리, 왜가리, 오리 떼…, 아침 풍경이 제법 정겹다. 나에게 왠지 어울리지 않는 스포츠가방과 레깅스를 입고…, 매일 이 징검다리를 건너… 운동을 하러간다.…

처음에는 익숙하지 않아 헛웃음도 나고 민망하기도 했는데 벌써 4 년이 지나 햇수로 5 년차다. 다리의 근육도 제법 생기고 마음의 흥도 생겨 아침마다 걷는 이 길이 참으로 좋다. 몸 풀기, 방송 댄스, 근력운동, 요가 순으로 타고난 몸치를 부끄러워하며 소극적으로 움직이다가 어느 사이 음악에 빠져 땀을 빼며 움직인다. 제목도 가사도 모르는 예전에는 터부시했던 소위 요즘의 아이돌 노래, 그 노래가 익숙해져 간다. 땀에 젖어 있는 몸을 요가 베드에 잠시 눕힌다. 창문

밖 나뭇잎 사이사이로 비춰지는 반짝이는 햇살이 은빛 색을 내며 출렁인다. 예쁘고 편안하다.

그 편안함속에 잠시 생각이 멎다가…

뭔가 추억에 잠길 법한 팝페라 가수의 감미로운 노랫소리에 빠져 이내 지나간 시간들이 꼬리를 문다. 코끝이 찡하다. 눈에 눈물이 그렁그렁 맺히기도 한다. 거기에 심취해 때때로 댄스 쌤의 구령소리를 못 들어 자세를 놓치기도 한다. 작은 숲 속, 아무도 앉지 않는 허름한 의자, 바바리 깃… 나뭇잎 사이로 비춰오는 햇살, 상기하고 싶지 않은 과거… 나로부터 힘들게 하는 과거로부터의 여행… 잊고 싶고, 잊어야만 살 수 있는 기억하고 싶지 않은 끄나풀들이 풀리지 않고 실타래가 되어 나를 옭아매고 슬프게 한다. 아주 짧은 시간에 누리는 생각이다. 이 슬픈 생각을 누린다고 했는가? 매일 매일의 짧은 주어진 시간에 작은 생각들이 조각되어 나의 뇌를 흔들어 놓는다.

원하지 않던 서울여상을 등 떠밀려 그 학교 학생이 되었고, 결코 재미있게 여고시절을 보낸 기억이 없는 데 그 당시 제일 잘 나가던 종금사에 취직이 되었고, 거기서 난 남편을 만났다. 무엇이 그리 급했을 까? 나이어린 20대 초반, 결혼이라는 거대한 물건을 겁 없이 받아들여 7 식구의 합가로 시작, 시누이 시동생네 식구 모두 14식구가 되기까지 세 아이의 엄마가 된 나는 8 년을 한 공간에서 그렇게 살았다. 맷돌질을 하고, 다디미질을 해 가면서…. 조선시대의 아낙네가 되었었다. 큰 아이가 초등학교에 들어갈 즈음에 그 당시 사당동에서 제일 먼 전철 끝자락 상계동으로 분가를 했다. 분가 후 얼마가 지났는가? IMF로 인해 우리의 삶은 걷잡을 수 없는 나락으로 떨어졌고, 그 어려운 시기 두 아들은 사춘기의 열병을 앓았다. 몸도 마음도 모두 지칠 시기 경제적인 압박으로 인해 친정의 도움도 받아야겠고 투병 중이던 친정엄마를 도와야 되는 현실 앞에 친정 부모님과 동생가정, 우리 다섯 식구 이렇게 10 식구의 한 지붕 삶이 또 시작되었다.

그리고, 10 년이 지난 지금 참으로 많은 변화가 있었다.

친정 부모님 모두 하늘나라를 가셨고, 세 자녀가 모두 결혼을 하여 출가를 했고, 함께 했던 동생네 세 식구도 분가를 했다. 결혼을 하면서부터 부부가 둘이만 있어보지 못했는데, 이제 60이 되어서도 다시 시어머니와의 동거로 세 식구의 삶이 시작되었다. 시어머니가 오심으로써 그로 인해 따라오는 혼자된 시동생, 몸 져 누워있는 시누이의 식구들…, 그들이 시어머니의 자녀들이라는 명목으로 모두 내 삶의 언저리에 또 다시 자리를 잡고 앉았다. 아이들이 결혼 하여 모두 지척에 사는 이유로 그들 또한 모두 내 주변에 있어, 더욱 대가족이 된 듯하다.

오롯이 그 모든 과정과 아픔을 기도의 힘으로 꿋꿋이 이겨내고 이겨냈다고 생각했는데…, 세월의 흐름과 나이가 들어가면서 오는 몸의 변화에는 장사가 없나보다. 뭐든 쉽지 않다. 인생사 참 쉽지 않다. '침묵'을 통해 아린 맘과 애환을 삭히려 애쓰고 있다가도 메가폰을 들고 누구라도 들으라고 속사포를 쏘아대고 있는 나를 발견한다. 배려하는 마음? 그것이 뭔지….

마음 속 깊이 자리 잡아 똬리 틀고 앉아 있는 걱정, 답답함, 분노, 억울함…, 누군가에게의 배려가 누군가에겐 배려 없음이 되어 그 화살이 나를 찔러댄다. 누구나 쉽게 말하는 갱년기의 진통이려니 하고 치부하며 그 모든 마음의 감정들을 삭히고 있다.

아프다…! 앞으로 주어지는 삶은 살아온 삶보다 길지 못하다.

인생 100세라는 시대에 반 인생을 넘게 살아왔고, 이제 살아갈 날에서 하루하루 지워나가는 삶을 살아야한다. 몇 년 전부터 운동으로 내 몸을 사랑하고 있고, 이제부턴 내 마음을 사랑하려 한다. 그리고 내 몸 어디엔가 숨겨져 있는 나만이 갖고 있는 열정이 무엇인가 꺼내려 한다. 한 학년 위의 오빠를 대학 보내야 했기에 찌들게 가난했던 엄마는 나를 여상을 보냈는데 정작 오빠는 그 시절 대학을 가지 않았다. 그럴 거면 인문계 가고 싶어 하는 나나 보내주지…, 마음 속 원망이 한이 되어 뒤늦게 방통대 공부를 하고 나는 거기에 멈추었지만, 이제 그 오빠는 환갑이 넘은 나이 행정학 박사학위를 받아

객원교수가 되었다.

열정, 노력, 결단… 이 모두가 필요하다. 생각만 해서는 도무지 되찾을 수 없는 그 일을 나도 해야만 한다고 잠자고 있는 내 안에 있는 나를 뒤 흔든다.

"행복해서 웃는 게 아니라 웃어서 행복하다."

"나이 60에 철이 든다."는 올해 만100세 되신 백 세 철학자 김형석 교수님의 말씀에 귀 기울이며 철이 들어가려고 진정한 행복을 찾으려고 날개 짓을 한다. 그리고 마음의 평정을 찾으려 깊은 심호흡을 내 쉰다. 과거 없는 현재가 없고, 현재가 없는 미래가 없듯이… 지나가는 시간과 세월을 아끼고 사랑해서 과거에 잊혀졌던 요즘 빛을 보는 한 가수가 있다.

그가 하는 말이 기억된다.

Life is live stage!!! 지금 이 순간을 사랑하며 일어나자!!! 외치며 나를 보듬어 앉는다.

올해 팔순이 되시는 고교 은사이신 이양자 선생님이 작년 가을 논문을 쓰신다고 거실 바닥에 책 10 권을 펼쳐 놓고 종일 바쁘셨다면서… 지금도 그 연세에 四書의 강좌를 들으시고 또 강의를 하시고…, 아무나 그리 되는 게 아니어서 선생님이 존경 받으시는 것인데, 주변이 늘 복잡하고, 배움과 인품은 부족하고 몸과 마음도 안 따라주는 나는 노년을 그렇게 멋지게 살아가시는 선생님을 뵐 때 마다 존경스러움에 머리를 숙인다.

허무

긴 터널을 지나고 있다.
언젠가 터널 끝에 닿을 텐데…
그 언젠가가 미지수다…
내 편이 남의 편으로
설정이 바뀌어 버릴 때 오는
허탈감, 무관심, 내어버림…

공통점을 내몰고
다름만을 찾아내며
꽉 채워졌던 따뜻함이 사라지고,
싸늘한 냉기가 흐른다….

마음이 답답하다.
수많은 곁가지들의 생각이
또아리를 튼다.
가슴이 뛰기 시작한다.

명치끝을 쓸어내린다.
단단하다…

나를 위한 삶이 아니라,
나를 둘러싼 남을 위한 삶으로
포장돼 많은 시간을 허비했다.
이제사 나를 보니,
아무것도 없는 빈 껍데기가
앉아 있구나…

손정옥 (서울여상 49회)

06
“내 친구가 온다고 해요”

친구 …
내 친구가 온다고 해요.
산다는 것이 너무 힘들다고…!

갈아입을 옷 준비해놓고
따뜻하게 재우려고
아궁이에 불을 지핍니다…!

같이 울고 같이 웃고
긴 밤을 함께 보낼 생각에
나는 참 좋습니다.

숨이 턱 막힐 것 같았던 순간에도

집채 같은 파도가 눈앞에 솟았을 때에도
비 오듯 슬픈 일들이 이어질 때에도

암이라는 진단을 받고
수술을 하고 항암치료를 이어갈 때
나는 친구들이 안아주고
손잡고 걸어주어서 이렇게 살아냈습니다.

후줄근 환자복 한 벌 걸친 혼자일 것 같다가도
짠하고 진료실 옆에 서있는 친구
칠백 리 먼 길 병문안 온다고
바리바리 먹거리 나누어 들고 와
먹이고 웃기고 돌아가는 친구들

아침이고 밤이고 "기도하고 있어" 하는 친구
따뜻하게 지내라고 솜바지 입히는 친구
감기 오면 안 된다고 마스크 한 박스 보내온 친구…
일 년 시간 거뜬히 치료 끝냈다는 보고에도
의사선생님께 결과 들으러
진료실 같이 들어오던 친구

'아프지 마'라는 아름다운 노래를 만들어
불러주고 안겨주던 따뜻한 눈물 친구
그 친구들 이름을 넘기다보니
두꺼운 책이 됩니다.

모과나무 노랗게 열매를 쏟아내면
누룽지 노릇하게 잘 만들어지면
시래기나물 빛 곱게 잘 말려지면
보내주고 싶어서
친구 이름 하나씩 이마 위에 써집니다.

소홀하지 않은 삶이지만
명화에도 가끔 좀이 슬고
세월의 무게가 주는 시샘이 일지요.

이겨낼 수 있도록 걷게 해주는 친구
달려와 주고 달려가고 싶은 친구가 있기에
숨 쉴 때마다 감사의 기도가 드려집니다.

오늘도 나는
휑한 들판에 햇살이 비취니

친구들 웃음소리 퍼지는
꽃피는 봄날이 눈앞에 올 듯하여
캐모마일 모종 옮기고
상사화 구근 나누어 심습니다.

김종옥 (서울여상 49회)

07
모차르트를 사과하다

볼프강 아마데우스 모차르트! 나는 모차르트 음악을 정말 좋아한다. 그 이유를 말하라면 부드럽고 로맨틱하면서도 애조를 띄고 있기 때문이다. 그의 모든 장르의 음악이 좋지만 특히 바이올린 협주곡 제3번 G장조와 제5번 A장조를 좋아한다. 모차르트는 1781년 25세 때 몰이해한 대사교와 충돌한 후 잘츠부르크를 떠날 결심을 굳히고 이후 빈에 정주하게 되는데 이 시기의 주요 작품으로 「바이올린 협주곡 제5번」이 만들어졌다.

음악적 대성공에도 불구하고 궁핍하고 불행했던 35 년간의 그의 인생 역정 때문인지 모차르트의 음악은 경쾌하면서도 언제나 아련한 슬픔을 내포하고 있다. 그 멜로디는 달콤하고 귀족적이다.

나는 늘 이 곡을 즐겨 들었으며 애들을 키울 때도 정서적으로 부드러운 감성이 성숙하도록 항상 자주 들려주곤 했었다.

나는 25살의 나이로 대학원 수료 후 가난한 무급 조교였던 백면서생 남편과 결혼을 했다. 그리고 연달아 세 아이를 낳았다. 환경적인 차이를 극복하고 양가의 허락을 받아 힘들게 결혼을 한 뒤, 나에게 부딪쳐온 또 하나의 문제는 그의 주벽이었다. 워낙이 주량이 많고 술이 세기도 했지만 술을 먹기 시작하면 밤새 잠을 자지 않고 마셨다. 그리고 자는 아이들을 깨워서 차렷 시키고 명령하고 하면서 어린 아이들을 마치 훈련병 다루듯 했다. 사내는 씩씩해야 된다면서.

그이가 저녁 회식 모임으로 늦어진다는 얘기를 하는 날이면 나는 일찍부터 애들에게 저녁을 먹인 후 씻겨서 재웠다. 초저녁부터 이불을 펴고 눕혀 놓고는 그때마다 내가 좋아하는 예의 그 모차르트의 바이올린 협주곡을 자장가 삼아 들려주었다. 그리고는 어서 자라고 재촉하였다. 왜냐하면 애들이 한숨이라도 푹 자두어야만 아빠가 들어와서 한밤중에 깨워도 칭얼대지 않을 것이고 그러면 야단맞지 않을 것이라고 여겼다.

세월은 흘러 결혼 후 40여 년이 지나면서 애 셋을 모두 결혼 시켰다. 이제 안정과 편안함이 우리를 감쌌다. 그런데 그이는 정년퇴직을 한 지 10 년이 되던 해 76세의 나이로 먼저 세상을 떠났다. 결국 과다한 주량 때문이었는지 식도암이 그 원인이었다. 그 뒤 어느 날,

우리 남은 식구들이 모두 한데 모여서 술을 한잔씩 하면서 회포를 풀며 얘기를 나눌 기회가 있었다. 얼큰해 진 기분으로 나는 또 예의 그 모차르트 음악을 틀었다. 그랬더니 둘째 며느리가 옆에 앉아 있다가 "어머니 이 사람 모차르트 음악 안 좋아 합니다. 이 음악을 들으면 불안해진데요." 라고 말한다. '아니 이게 무슨 말인가?' 그러니까 옆에 있던 큰 며느리도 "어머니 이 사람도 한 때 모차르트 음악을 좋아하지 않았어요." 한다.

아 트리우마! 사랑스런 내 아이들에게 이 멋진 모차르트 음악이 트라우마(trauma)로 작용했었구나… 나는 정말이지 깜짝 놀랐다. 4살 7살 9살 무렵의 아이들에게 이 음악을 들려주고 잠을 재우는 날은 아빠가 언제나 술에 취해 들어와서 자기들을 힘들게 했었다는 그 강박 관념 때문이었던 것이다. 트라우마는 일반적인 의학용어로는 '외상外傷'을 뜻하나, 심리학에서는 '정신적 외상', '(정신 장애를 남기는)충격'을 말한다. 그 얘기를 듣고 난 후, 나는 한참 동안을, 놀라서 입을 다물지 못했다. 수 십 년이 지나서야, 이 사건의 장본인인 엄마라는 사람이, 이제야 이 같은 사실을 알다니.

그 이후 쉰이 내일 모레인 막내한테 조용히 다시 한 번 물어 보았다. 그랬더니 고등학교 졸업 전 후 해서 많이 완화되었고 군대 갔다 온 이후로는 괜찮아졌다고 하면서 그 음악은 언제나 그런 기억을 되살렸다고 했다.

가만히 혼자 생각을 해본다. 좀 더 아름답게 좀 더 친절하게 다른 이들에게, 내가 베풀려고 했거나 베풀었던 어떤 일들이, 이처럼 전혀 다른 역逆의 결과를 가져올 수도 있었겠다는 생각에 삶이 다시 한 번 더 조심스러워졌다.

좋은 것이든 나쁜 것이든 간에 힘들었던 일들과 연관되어서 생겨난 트라우마는 이렇게 인간 개개인에게 오래 지속되는 것이다. 엄마만 좋아서 곱고 아련한 슬픔을 즐기며 들려주었던 그 아름다운 모차르트 바이올린 협주곡이 내 아이들에게 그러한 상처를 주었다니….

내가 살아오면서 제일 어려웠던 일은 좋은 엄마가 되는 일이었다. 좋은 선생님은 열심히 공부해서 성심성의껏 최선을 다해 열정적으로 잘 가르치면 된다. 그러나 엄마라는 존재는 나 자신보다 더 중요한 내 자식에게 대해서 감정적으로 되기가 다반사다. 욕심이라는 감정이 이입되면서 이성적이 되지 못하는 경우가 많기 때문에, 좋은 엄마가 되기가 어려운 것이다.

거기에다 직장 생활 하면서 공부도 병행해야 하고, 별난 남편 뒷바라지에 넉넉지 못한 살림살이의 일상이었다. 그 속에서 이리 뛰고 저리 뛰고 하며 애 셋을 잘 건사한다는 것이 결코 쉬운 일이 아니었던 것이다. 결국 모든 것은 변명이 되겠지만. '다시 하라고 한다면 정말 좋은 엄마가 될 수 있을까?' 아니 이제 부터라도 남은 세월 좋은 엄마, 훌륭한 엄마가 되고자 최선을 다 해야겠다.

나는 그 후 어느 날 자리를 마련하고 아이들한테 간곡하게 이야기하며 사과를 했다. "정말 미안하다. 얘들아… 좋은 엄마가 되지 못해서… 용서해 주기 바란다. 그래도 모두 훌륭하게 잘 자라주어서 정말 고맙다." 라고.

그리고 그날은 바이올린 협주곡을 틀지 않았다.

운경芸卿 이양자李陽子

08
'모차르트를 사과하다'에 붙임

어느 날 붓다가 숲 속의 나무 아래에 앉아 있을 때였다. 부유한 청년들이 이리저리 정신없이 뛰어다니고 있었다. 그들이 술과 놀이에 취해있을 때 함께 왔던 창녀가 지갑을 훔쳐 달아난 것이다. 그들은 붓다에게 어떤 여자를 보지 않았느냐고 물었다. 그들이 여자를 찾아다니는 이유를 묻고 나서 붓다는 이렇게 말했다.

"지갑을 찾는 일과 자기 자신을 찾는 일 중에 어떤 일이 더 중요한가?"

그들은 조용히 그 자리에 앉아 법을 들었고 환희하여 출가했다. 자기 자신을 찾는 가장 중요한 일에 몰두하기로 한 것이다.

좋은 글을 쓰고 싶다는 생각은 어린 시절 부터의 꿈이었다. 한때는 소설을 쓰려고 매달리기도 했지만 나이가 들면서 작가의 민낯을 볼 수 있는 수필이 더 좋아졌다. 시와 소설이 한 편의 영화라면 수필은 소극장에서 상연하는 연극이다. 있는 그대로의 모습으로 함께 울고 웃고 말을 건넨다. 아름다운 수필은 오래된 친구처럼 가슴에 박힌다. 시처럼 아득하지도 않고 소설처럼 번잡하지도 않다. 언제든 보고 싶으면 처음부터 끝까지 다시 볼 수 있다. 비장함, 쓸쓸함, 기쁨, 괴로움, 사랑, 분노, 고독, 그리움…. 거미줄 같은 희로애락의 삶에서 유독 나는 아련한 슬픔이 깃든 글들에 반하곤 한다. 그의 슬픔이 나의 그것을 희석시켜 주기 때문인가. 특히 찰스 램의 '꿈속의 아이들'을 읽을 땐, 단 한 마디도 드러내지 않고 꿈속의 아이들로 형상화한 그의 잃어버린 사랑의 슬픔과, 정신 발작을 일으키는 누이를 굳이 떠맡아 평생을 독신으로 살다 간 램의 헌신적인 삶이 너무 아파서 나의 일상의 고달픈 일들은 그저 소소하게 느껴지곤 하는 것이다. 그의 '오래된 도자기'를 보라. 가난했던 시절의 갈망과 잃어버린 환희가 가슴에 절절히 다가오지 않는가. 나는 어느새 그를 닮고 싶어서 이렇게도 써보고 저렇게도 써보는 것이었다.

그러던 중에 여고시절 은사이신 이양자 선생님께서 팔순 가까이에 쓰셔서 등단하신 수필, '모차르트를 사과하다'는 나를 뼈아픈 자성으로 이끌었다. 그 한 편에 단아한 선생님의 일상과 고단한 삶 속에서 지키고자 했던 아름다움이 녹아 있었고, 수필이 지닌 청자연적의 꼬부라진 꽃잎과도 같은 반전의 경쾌함이 모차르트를 듣는 자녀와의 상반된 입장을 통해 드러나고 있었다. 사부님이 술을 드실 때마다 아들 둘을 모두 깨워 밤새도록 훈육을 하시곤 했던 터라, 술을 드시고 온다는 날에는 자녀들의 정서적인 안정을 위해 모차르트의 바이올린 협주곡을 들려주며 일찍 잠을 재우곤 하셨는데, 오랜 세월이 흐른 뒤에야 그 음악을 들을 때마다 얼마나 자녀들이 불안해했는지 그 후에도 얼마나 모차르트를 싫어했는지 아시고는 깜짝 놀라신 것이다. 나의 배려가 상대에게 뜻하지 않게 트라우마로 작용하는 일이 어디 이 뿐이겠느냐며 삶이 조심스러워져서 지나온 날들을 반추해보는 그 모습에 매료되어, 모든 위대한 예술은 결국 완성된 인격의 반영일 수밖에 없다던 김용준님의 예술에 대한 소감이 떠올라 망연해지는 것이었다.

좋은 글을 쓰려면 우선 좋은 인간이 되어야 하는 것이다. 그런데도 나는 잃어버린 지갑을 찾으러 몰려다니던 청년들처럼, 오늘도 현실에 매몰되어 가장 중요한 일을 잊고 사는 건 아닌지 곰곰이 생각해 본다.

이경옥 (서울여상 50회)

09
죄송합니다만 인생 정리합니다.

"죄송합니다만 인생 정리 합니다 선생님."

2015년 5월10일 안 훈장이라 불리는 제자한테서 이런 문자가 왔었습니다.

아무 일도 손에 잡히지 않았습니다.

"안 훈장! 이것이 무슨 말인가? 가슴 다 내려앉는다. 이 말이… 선생님한테 할 말인가? 이제 겨우 50대 중반 아닌가! 할 말을 잃는다. 힘내자! 이 나라가 이 모양인데…. 할 일이 태산 같은데, 그 높은 지혜를 더 나누어 줘야지. 제발 기운 차리기 바라네. 힘내기 바라네. 나까지 힘이 하나도 없어진다! 정신 가다듬기 바라네. 우째야 하노?! 샘도 힘이 다 빠져서 종일 맥을 못 추겠다! 안 훈장! 힘내야 한다! 이겨내야 한다! 정신 차려라…!"

나는 동의대학교에서 26 년을 봉직했었다. 그 시절 사학과 2회로 졸업한 한 청년 안병헌 군을 잊지 못한다. 그는 이미 입학할 때 26 살로 옛 학자가문 집안에서 한학을 배웠던 모양이다. 공부도 곧잘 했고 늘 나를 따랐다. 키도 크고 인물도 괜찮고, 봉의 눈을 가진 성실한 청년이었다. 그러나 졸업 이후 20 년 가까이 서로 만나지 못했었다.

그런데 나는 2006년부터 싸이월드를 하다가 그 이듬해부터는 네이버 블로그를 운영하고 있었다. 이 블로그 활동을 통해서 나는 많은 제자들과 다시 만났다. 병헌군도 마찬가지였다. 이렇게 만나게 되면서 블로그를 통해 다시 만난 서울여상 제자들과도 서로 인사를 하고 블로그 상에서 잘 지내게 되었다.

그래서 나는 한문이 능한 그에게 이 블로그에 서당을 개설하자고 제의했고 매일같이 안군은 한문 글을 올렸다. 그리고 서당 이름은 메뚜기 서당으로 정하고 안병헌 군을 훈장으로 임명하여서 안 훈장이라 부르게 되었다. 제일 첫 한문은 추구推句[1])부터 소개되었다. 예를 들면 아래와 같은 제목으로 한문 문장을 쓰고 번역한 것이었다.

---

1) 『추구(抽句)』의 저자는 미상이며, 그 개요는 오언(五言)으로 된 좋은 대구(對句)들만을 발췌하여 저술한 책이다. 초학(初學)들이 『천자문』, 『사자소학』과 함께 가장 먼저 익힌다고 하여 『추구』라고 부르기도 한다. 그 내용은 천지자연에 관한 것을 맨 먼저 설명하고, 그 다음으로는 인간에 관한 것, 일상생활에 있어서 항상 접할 수 있는 화조월석(花朝月夕) 등을, 그리고 말미에는 권학(勸學)을 강조하는 내용을 실어서 권학의지를 고취시켰다.

* 제자들의 한문 서당 개설!, 메뚜기 서당(1) : 추구推句 소개.
* 메뚜기 서당(2) : 추구를 해몽집解蒙集이라고도 했습니다.

추구가 끝나고 나서는 통감절요通鑑節要[2]를 연재하기 시작했다. 안 군이 나의 블로그 메모난에 올리면 나는 어서 메뚜기 서당 난에다 다시 글을 올려놓았고, 메뚜기 서당 학생들인 서울 여상 제자들이 어렵다고 폴짝폴짝 뛰면서 공부해 가는 모습이 지금도 눈에 선~하다. 많이 어려우면 그 난에 덧글이 수십개가 올랐다. 이리하여 통감절요는 37까지 다 마무리 지었다.

* 종횡무진 고사성어로 읽는 통감절요
* 고사성어 통감절요 1. 脣亡齒寒 ; 입술이 망가지면 이빨이 시렵다(1)
* 통감절요 고사성어 37. 色衰愛弛 : 용모가 시들면 애정도 식는다(37)

그럴 즈음 안 군이 건강이 안 좋다는 소식이 전해지고… 병명은 식도암이었고, 1 년여 신고 끝에 결국은 영면했다. 여러 번 전복을 사서 보내고 위로의 편지와 위로가 되는 희망의 네잎클로버를 찾아서 보내곤 했었다. 그러나 결국은 마지막을 한 열흘 앞두고 나한테 전해온 말이 "죄송합니다만 인생 정리합니다."였다. 온갖 약과 항

2) 통감절요[通鑑節要]는 송나라 휘종(徽宗) 때 강지(江贄)가 사마광(司馬光)이 지은 『자치통감』(自治通鑑)의 방대함을 간추려 엮은 역사서이다.

암치료도 다 해보고 난 뒤 아마 의사가 더 이상 의료적인 시술이나 처리가 불가능하다고 한 말을 듣고 마음으로 죽음을 각오하고 나에게 전해온 마지막 말이었으리라….

쓰윽 스쳐 가버리는 바람처럼
후두둑 떨어지는 생생한 동백꽃처럼
흔적도 없이 피안의 세계로 떠나간 제자가 있다.

"죄송합니다만 인생 정리 합니다"
무너지는 메시지 한 줄… 정신 줄을 흔든다.
깊이를 알 수 없는 절망과
삶을 향한 절규가 그 속에 있음을.

인간은 무와 죽음 속에 던져진
존재라고 한탄한 하이데거의 말처럼
열흘 뒤 제자는 無의 세계로 떠났다.

제자의 고향에서 장례식을 치루며 통렬한 이별을 고했다. 서울 여상제자들도 정말이지 안타까운 이별을 고했다. 사실 안 군은 한문도 잘했지만 갖가지 재능이 있었고 다정다감했다. 그의 직장은 남이섬에 있는 노래박물관의 관장이었다. 그래서 우리는 여상 제자와 동의대 제자가 한데 모여 남이섬으로 1박 2일 여행을 갔다. 나는 처음 가보는 곳이었다. 숙소도 음식도 선물도 놀이거리도 안 군이 모두 준비해서 우리를 감동시켰다. 그 중에서도 잊을 수 없는 일은 꽃 이야기다.

제목이 [선생님 오실 때 이 꽃들이 피어준다면…] 이다. 내가 처음으로 남이섬 구경을 간다고 했더니 남이섬 노래박물관 관장이던 안병헌 군이 미리 사진 찍고 글을 쓰서 보내온 내용의 편지다.

> 선생님…!
>
> 한 삼년 전 봄에 제 블로그에 쓴 글인데, 여기 남이섬 수양벚꽃 사진이 있습니다.
>
> 이상 기후가 되든 어쩌든 이 꽃들이라도 앞서 피어 선생님을 반겨주었으면 하는 바램에… 꽃을 좋아하시는 선생님을 기쁘게 해드리고 싶은데… 그러나 피지 않아서 팬지 화분을 사다가 하트 모양으로 노래박물관 앞을 장식했습니다.

아~~! 가슴이 지금도 뭉클하면서… 마구 쓰라린다. 자연은 그대로인데 인걸은 간 데가 없구나! 병헌 군! 저 세상에서 잘 지내는가…? 우리 함께 모여 그 집에서 밤을 지새며 토론하던, 메뚜기 서당 생도 복희가 애통해 하며 나한테 편지를 보냈네…. 눈물이 난다….

선생님…!

참으로 허망 하실 것입니다.

젊은 제자의 부고를 받으시고, 또 먼 길을 한달음에 달려가서 영정사진을 보아도, 믿겨지지가 않으셨을 것입니다. 망자 역시 한창 나이에…, 사랑하는 처자식을 두고서 어찌 발길이 떨어졌을까요.

언젠가 그러셨죠? 송이째 뚝~ 떨어지는 동백꽃을 보면 앞서간 남동생이 생각나신다고…, 이른 새벽 문자를 받자마자 그 말씀이 생각났었습니다. 선하고, 재주 많고, 학식 높고, 정이 넘치는 안 훈장님이 오랫동안 기억 속에 자리할 것입니다. 선생님과 저희들의 아름다운 남이섬의 추억과 함께~ ~

삼가 안 훈장님의 명복을 빕니다!

눈물지우며 연우가 올립니다….

그리고 장례식 지난 며칠 후 대학생이던 안 훈장의 아들한테서 편지가 왔다.

2015년 5월 19일 1 년 2 개월간의 암 투병기간 끝에 아버지께서 영면하셨습니다.

"자신도 끝까지 포기하지 않을 테니 너희들도 포기하지 말고 열심히 살아라."

아버지께서 몇 달 전 저희에게 하신 말씀입니다. 긴 투병기간 동안 몸도 마음도 얼마나 힘드셨을지 가늠이 안 되지만 그 와중에도 자식들과 어머니를 걱정해주시는 아버지셨습니다. 아버지께서는 자상하신 아버지이자 남편이셨고, 아는 것 또한 많아서 어렸을 적부터 저희에게 한자와 역사 그 외에도 많은 것을 가르쳐 주셨지만, 그 가르침을 따라가지 못한 부족한 자식들입니다.

나이가 들수록 아버지의 깊이를 느끼게 되었고, 그 깊이를 하늘도 알았는지 이리도 빨리 저희한테서 멀어지게 만들었습니다.

그동안 몸도 마음도 많이 지치셨을 아버지. 가시는 길, 더는 아프지 않고 외롭지 않게 먼 길 마다않고 와주신 교수님께 진심으로 감사드리며 찾아뵙지 못하고 이렇게 글로써 감사의 인사를 전하게 되어 죄송합니다.

아무 것도 알지 못합니다

아무 것도 알지 못합니다.
단지 오늘 우리가 이곳에 존재하고 있음을
알 뿐입니다.

왔느니 왔느니… 어디서 왔던가요
가노라 가노라… 어디로 가는가요

오늘 이곳에 어디서 와서
어디로 가는지 아무 것도 모릅니다.

모두가 왔다가 모두가 갑니다.

강과 바다가 하나인 것처럼
삶과 죽음 또한 하나일 뿐.

안훈장 어디로 갔는가?! 오늘 여기 샘이 시 한 수 올리네….

이양자

겨울

개나리 노란 꽃그늘 아래 4

친구

세월이 깊어 갈수록
연륜이 더하여
눈빛으로 마음을 열고,

가슴을 나누고
삶을 나누며
그래서
어깨를 나눈다

친구야
너는
또 한사람의
내 인생의 반려

장수와 풍요를
깍지 끼며 약속하고
서로에 기대서
희망을 본다

이양자

01
꿈은 이루어진다

내 나이가 마흔이 되던 해, 1997년 가을 어느 날, 하늘을 쳐다보았다. 높고 파랗다. 문득 여고시절 친구들의 얼굴이 그 파란 하늘을 도화지 삼아 뭉게뭉게 피어올랐다. 가슴 깊은 곳에서 뭔지 알 수 없는 뭉클한 느낌. 다들 뭘 하며 살고 있을까? 여고를 졸업한 지 이십년이 지났네. 수첩을 꺼내들고, 친구들에게 전화를 걸기 시작했다. 제일 친했던 여고 일학년 때 친구 김민진으로부터 시작해서 한국은행에서 함께 근무했던 친구들까지 수첩에 남아 있는 친구들의 흔적을 하나하나 확인해가며 전화를 했다. 한 친구가 연락되면 그 친구와 연결되는 또 다른 친구를 찾아낼 수 있었다.

그렇게 해서 그해 가을, 서울여상 개교기념일을 축하하는 'Home Coming Day" 행사에 47기 '금싸라기들'이 사십 여명 모일 수 있었다. 행사가 끝난 후, 친구들과 함께 저녁을 먹는 자리에서 옆자리에 앉은 친구, 임애경과 이야기를 나누게 되었다. 애경이에게서 '이양자 교수님' 소식을 듣게 되었다. 나에게는 세계사 수업을 재미있게 해주시던 역사 선생님이셨던 '이양자 선생님', 참 멋지게 생기셨던 선생님, 내 절친이며 대모인 민진이네 고 3때 담임선생님, 2학년 예반 담임선생님으로 기억에 남아 있는 분이셨다. 그 세계사 선생님께서 교수님이 되셔서 부산에서 강의하고 계신다고 했다. 그런데, 애경이를 통해서 다시 알게 된 '이양자 교수님'은 여고시절 이후 그 친구의 인생에서 늘 엄마같이 다정하고 멘토가 되어 주시는 분인 거 같았다. 임애경이 무척 부러웠다. 이양자 선생님을 담임선생님으로 만날 수 있었던 친구들이 참 부러웠다. 그 후 애경이를 통해서 이양자 선생님과 연결되었다. 이십 년이라는 세월이 지났건만, 선생님께서는 우리 47기 친구들을 모두 기억하고 계셨고, 나를 알아봐 주셨다. 신기했고 기뻤다. 그 후, 이양자 선생님은 나에게 특별한 스승이 되어 주셨다. 내 이야기를 들어주시는 분, 내 꿈을 함께 꾸어주시는 분, 스승이면서 친구 같고, 엄마 같고, 언니 같은 분, 뜨거운 가슴을 함께 나눌 수 있는 분이 되어 주셨다.

2001년 5월, 남편이 직장에서 해외유학생으로 선발되어서 경영학 석사과정을 공부하러 미국으로 떠나게 되었다. 그때 마음속으로 나도 이 기회에 다시 공부를 할 수 있지 않을까 하는 생각을 하며 대학원에 입학할 수 있는 서류를 준비했다. 유학을 떠나기 직전에 부산에 살고계신 이양자 선생님댁을 방문하였다. 새벽에 부산역에 내려서 선생님댁에 도착한 시간이 아마도 새벽 6시였을 거다. 그 새벽에 아침 밥상을 차려놓고 기다리고 계셨다. 20 년 만에 만나 뵈었는데도 어제 세계사 수업시간에 뵙고, 오늘 다시 만난 것처럼 다정하고 허물없게 대해주시는 선생님을 뵙고 가슴이 뜨거워졌다. 돌아가신 엄마를 만난 것처럼 너무 좋았다. 마침 이양자 선생님께서 환갑기념으로 책을 출간하셨다. 그 책 열 권을 싸인까지 받아 미국으로 가지고 와서 미국에 살고 있는 친구들에게 우편으로 보내주었다.

2003년에 남편은 공부를 마치고, 한국의 직장으로 복귀했고, 나는 미국에 남아서 두 아이를 키우면서 공부하기로 결정했다. 서울여상에 다닐 때 부기 과목을 참 좋아했었지만, 대학을 갈 때에는 영문학으로 전공을 정했었다. '여상'이라는 학교의 특성 때문에 실무교육에 많이 치중했었던 여고시절 동안 부족하게 느껴졌던 인문학 공부를 하고 싶어서였다. 그런데, 나이 마흔 다섯이 되어서 제2의 인생을 위해 무엇을 공부해야할까를 결정해야하는 때에, 나는 다시 서울여상에서 공부할 때 좋아했던 과목인 '부기'를 기억해냈다.

"Accounting-회계학" 을 전공하기로 했다. 전공을 완전히 바꿨기 때문에 미국 대학에서 경영학 학부 2학년부터 시작해야했다. 마흔 다섯에 미국인 스무 살짜리들과 클래스 메이트가 되어서 함께 공부하게 된 것이다. 꿈을 꾸는 것 같은 생활이 시작되었다. 영문학을 전공했던 것이 공부에 많은 도움이 되어 주었다.

2006년에 대학을 졸업하고, 취직을 하고 영주권을 받고, 두 아들도 대학생이 되었다. 2008년에 다시 한국을 방문했을 때 이양자 선생님을 만나 뵈었다. 내가 다시 공부해서 미국에서 대학을 졸업하고, 미국 회계사가 되기 위해 시험공부를 하고 있다는 말씀을 드렸을 때, 선생님께서도 동의대학교에서 중국사를 가르치시면서 계속 박사과정을 공부하여 52살에 박사학위를 받게 되셨고, 또 정년퇴임 이후에도 늘 책을 집필하시고, 강연을 하며, 블로그에 글을 쓰시고 대중과 소통하고 계시는 등 활동하시는 걸 보여주셨다. 나도 이양자 선생님 같이 멋지게 살아보고 싶었다. 닮고 싶었다. "정숙아, 니는 잘 해낼 거다" 하시면서 응원해주셨을 때, 돌아가신 엄마가 이양자 선생님으로 변신해서 내게 다시 오신 것 같이 든든하고 따뜻하고 너무 좋았다.

그 후, 남편이 마침 부산에서 근무하게 되어서 해운대 근처 아파트에 살게 되었다. 2012년 여름에 임애경과 이양자 선생님과 함께 지낸 시간이 참 좋았다. 2012년 겨울에는 3년 후배인 고애련이 기차를 타고 부산에 내려와서 이양자 선생님과 나와 임애경과 함께 해운대 바닷가를 거닐면서 멋진 겨울 바닷가 여행을 하였다. 마치 여고생들이 수학여행을 온 것처럼 바닷가 모래톱을 거닐면서, 갈매기 떼를 쫓아 따라다니며 두 손을 넓게 펴고 하늘을 향해 날아가듯 달려가 보기도 하고, 칠순이 넘으신 선생님과 오십을 넘긴 제자 세 명이 함께 한 그 시간. 해운대 근처 찻집에서 차를 마시면서 우리들의 여고시절이면서 선생님의 사십대를 함께 추억하며 나눌 수 있다는 것만으로도 행복했다.

2015년에 미국 회계사 시험에 최종 합격을 하였다. 이양자 선생님께서 그 소식을 들으시고 기뻐해주시고 자랑스러워해 주셨다. "엄마, 나 시험 붙었어." 하고 달려가 품에 안기고 싶은 내 마음을 이양자 선생님께서 정말 엄마이신 것처럼 안아주셨다. 선생님, 감사합니다. 내 엄마가 되어 주셨어요. 이 세상에서 날 제일 응원하고 사랑해주셨던 제 친정어머니를 서른두 살에 잃고, 늘 엄마의 부재를 공허하게 느끼며 살고 있었는데, 그 자리를 메워주셨어요. "정숙아, 니는 잘 해낼 거다, 니 참 멋진 애다! 화이팅이다~" 이렇게 힘을 주시고, 사랑해주셨습니다. 이제는 이양자 선생님을 담임선생님으로 가졌던 내 친구 민진이나 애경이가 부럽지 않습니다. 나에게도 엄마 같은 이양자 선생님이 늘 함께 계시니까요. 선생님, 건강하고 오래 오래 사셔야 해요. 우리들의 엄마이시거든요.

2015년에 미국회계사 시험에 합격한 후, 일 년간 회계 법인에서 internship을 해서 실무 경험을 쌓고, AICPA 자격증을 받았다. 2017

년에는 남편도 한국에서 퇴직하고, 미국으로 건너와서 가족이 하나로 합치게 되었다. 13 년 동안의 길고 긴 '기러기 가족'의 삶이 정리된 것이다. 남편은 미국 공인세무사 시험에 합격해서 자격증을 갖고 미국으로 와서 부부가 함께 일하는 회계 법인을 설립했다. 13 년 동안 헤어져 살아야했던 시간의 공백을 24 시간 동안 함께 일하고, 먹고, 자고, 여행도 함께 하고, 등산도 함께 하고, 성당에도 함께 다니고, 우리는 무엇이든지 '함께 한다!'

회계사로서 사람들에게 도움이 되는 삶을 살 수 있도록 함께 노력하고 싶다.

꿈은 이루어진다. 2002년 월드컵 축구 열기가 가득할 때, 많은 젊은 축구팬들이 외쳤던 말이다. 그 말이 나에게도 적용되었다. 한 걸음 한 걸음 내 꿈을 향해 왔듯이, 나는 또 꿈을 꾼다. 내 인생의 끝 날까지 꾸준히 새로운 길을 걸어가리라. 살고 싶은 삶을 살 수 있도록.

그때마다 거기에 이양자 선생님도 함께 계셔 주셔요.

건강하게 오래오래 저희들과 함께 꿈을 꾸셔요.

"이양자 선생님, 사랑합니다."

김정숙 베로니카 (서울여상 47회) 미국 로스앤젤레스에서

02
육십이 되고 보니

올 한 해가 저물어가고 어느덧 마지막 달력 한 장이 달랑 걸려 있다. 2000년을 맞는다면서 떠들썩하던 때가 엊그제 같은데 이제 2020년을 코앞에 두고 있다. 올 한 해 나의 목표는 나에게 주어진 일정들을 무리 없이 잘 감당해내는 거였다. 정말 아무런 욕심 없이 그 일정들이 무사히 다 지나가기를 기도할 뿐이었다. 2019년을 시작하는 첫 달부터 소박하게 기도 제목을 정했다. 작년에 발등 골절로 고생을 했기 때문에 두 발로 잘 걷고 두 손으로 뭐든 자유로이 할 수 있어서 내게 주어진 역할을 그저 잘 수행할 수 있기를 간절히 바라는 마음이었다.

가장 큰 일이라고 하면 4월에 스위스 바젤에서 태어난 외손자의 출생과 7월에 서울에서 태어난 친손자의 출생이 가장 큰 일이었다. 그 틈에 6월 말에 떠나서 7월 초까지 이어지는 여행프로그램도 있었다. 교회 식구들과 함께하는 터키. 그리스 성지순례 일정이었다. 지금은 그 모든 일들을 다 순적順適하게 마칠 수 있었던 게 참으로 감사하다. 한 해를 마무리하는 시점에서 돌아보니 정말 모든 일들이 감사할 뿐이다. 올해 육십을 맞이하면서 내가 가장 많이 듣는 인사는 자녀 셋을 다 결혼시켰다는 것이다. 또 그 아이들이 모두 자녀를 낳아 기르고 있으니, 인사를 듣는 것도 무리는 아니라고 생각한다.

100세 시대라고 하는 요즈음, 노인 인구수는 늘어가고 태어나는 신생아 수는 매년 줄어드는 인구 절벽의 시대에 살고 있다. 평균 결혼 연령이 높아지기도 하고, 아직 결혼을 하지 않은 미혼이거나, 혹은 아예 결혼을 기피하는 비혼주의자들이 많이 있기 때문일 것이다. 내가 첫 아이를 낳고 셋째로 막내를 낳은 때에는 마치 인구가 기하급수적으로 늘어서 지구가 팽창할 듯한 이상한 그림을 그리고, 산아제한이라고 하는 말도 안 되는 국가시책을 시행할 때였다. 한 자녀만 낳은 가구는 아파트 우선분양권을 주는 반면, 셋째 아이를 출산할 경우에는 건강보험 혜택까지 뺏는 기막힌 정책을 펴던 때였으니, 한 치 앞을 내다보지 못하는 인간들의 우매함이 안타까울 뿐이다. 지금도 하늘을 향하여 우후죽순으로 솟아나고 있는 거대한 아파트 숲을 보고 있노라면, 인구수는 줄어드는데 저렇게 많은 집에는 과연 누가 다 들어가 살까, 하는 의문이 남는다. 하지만 사람이 사는 집인지 재테크의 수단인지 그 값은 높아지기만 한다.

아무튼 육십이 된 올 가을, 생일을 맞는 느낌이 새로웠다. 올해 태어난 돼지띠 손자 둘을 포함해 모두 열둘이나 되는 우리 가족이 한자리에 모였다는 사실이 기적 같다. 참으로 행복한 시간을 보냈다. 미국에 살고 있던 큰 딸 가족 넷이 지난해 귀국해서 자리를 잡게 되었고, 스위스에서 살던 둘째 딸 가족이 사위의 육아휴직을 쓴다고 세 식구가 우리 집에 와서 6주간을 머물다 가게 되어서 한 자리에 모두 모일 수 있었으니 이 또한 감사하고 고마운 일이었다. 외손자와 함께 딸네 가족이 머물고 간 우리 집은, 몇 가지 육아용품이 공간을 차지하고 있어서 우리 부부가 쓸 수 있는 공간은 더 좁아졌다. 뒤를 이어 아들네 식구가 친손자를 데리고 와서 열흘을 머물다 가고 다시 둘이 지내게 되었다. 그 고요함과 평화로움이라니, 경험해 본 사람만이 그 느낌을 알 것이다. 오죽하면 손자는 올 때 반갑고, 갈 때는 더 반갑다는 말이 있을까.

아이들이 머물다간 집을 정리하면서 이제 육십을 넘기고 회갑이 되는 2020년을 맞이하려니 뭔가 내 삶을 정리해봐야겠다는 생각이 든다. 지나온 인생여정도 정리해볼 필요가 있고 또 집에 있는 물건들도 더 정리해야겠다고 생각한다. 그런데 나에겐 정리능력이 늘 부족하다고 생각한다. 갑자기 누가 오거나 하면 당황하기 일쑤다. 그리고 요즈음 바로바로 정리해야 할 휴대폰, 데스크탑 컴퓨터, 들고 다니는 태블릿PC 이 세 가지 정리하기도 쉬운 일이 아니다. 사진

파일이나 문서들을 제대로 정리하지 못해 겹쳐진 자료들도 많고 용량이 초과되어서 자꾸 과부하가 일어나는 것을 보면서 제때 정리하지 못한 것들이 늘 무겁게 느껴진다. 현대인들은 장례식을 세 번 치른다는 말이 있다. 실제로 망자가 죽는 것, 연화장에서 가면 불에 들어가서 한 번 더 죽는 것, 마지막은 인터넷 장례라고 한다. 사람은 가고 없는데 가상공간인 사이버 공간에서 모든 것을 정리하는 디지털 장례업체가 있다고 한다. 디지털 장의사가 개인 홈페이지나 유튜브 동영상 삭제, 유출 동영상 삭제, 블로그 글 삭제, 카페 글 삭제 등 참으로 많은 가상공간에 올린 망자의 자료들을 모두 삭제해야 이 세상에 온 흔적이 다 사라진다는 마지막 장례인 셈이다. 나는 아이들이 컴퓨터를 배울 시기에 비교적 먼저 컴퓨터를 사용하게 되어서 인터넷 공간에 올린 글도 정말 많다고 생각하니 모두 삭제하는 것도 보통 일이 아닐 거라는 생각이 든다. 이제 그 일은 나중에 맡기기로 하고 내가 살고 있는 공간의 물건부터 정리하는 일을 회갑이 되는 내년부터 시작하려고 한다.

아이들이 떠나간 방 세 개를 깨끗이 정리해서 용도 구분을 잘 해서 사용하려고 한다. 누구나 탐내던 맨 위 옥탑 방은 우리 교회 권사 기도실처럼 기도실로 꾸미고 조용히 책도 읽고 묵상하고 기도하는 방으로 사용하려고 한다. 그리고 서재로 쓰고 있는 방 한 개와 나머지 침실방은 누구든지 와서 쉴 수 있는 편안한 공간으로 비워두려고 한다. 그리 넓지 않은 집이지만 세 아이가 잘 성장하고 떠나간 내 집, 소중한 공간이라 생각하며 이제 불필요한 물건을 더 버리거나 나누어 주고 최소한의 물건으로 만족하며 남은 삶은 내 손길이 필요한 곳에 찾아가 돕는 손이 되고 싶다. 내 건강이 허락하는 날까지….

2019년 초겨울 **장현자** (서울여상 49회)

03
내 나이 예순하나

나는 지금 온통 주변이 크리스마스 풍경인 오타루에 와있다.

딸아이가 딸을 출산한지 50 일 쯤 된다. '세 달은 꼼짝 말고 아이를 봐줘야지, 여행을 갈 수가 있냐'고 서운한 기색을 여실히 비친 딸아이의 볼멘소리를 뒤로하고 아들은 2박, 나는 1박 2일로 떠나왔다. 2시간 거리이긴 하나 도착하니 오후 2시, 내일 아침식사 후 1-2시간 있다 출발해야 하니 채 24 시간이 안 되지만 엄마도 휴식이 필요하니 잠시라도 다녀오겠다. 하고 떠나오니 이렇게 펜이라도 잡을 시간이 난다.

늘 이틀 전부터 시작되는 명절준비. 첫째 날은 농협에서 야채 장을 보고 구정 전날은 아침 일찍 가락시장에 들러 남편의 지인 분에게 굴비를 갖다드리는 것으로부터 시작하여 이곳저곳을 들러 여러 해물거리를 사가지고 와서 아들과 함께 오후 내내 전을 부쳤다. 아버님 돌아가신 후로 17 년 동안이나 남편 제사를 며느리한테 맡기는 사람이 어디 있냐는 주위사람들의 이야기에 어머님께서 올해부터는 아버님제사를 어머님 댁에서 추도식으로 하신다 하시며 이번 구정부터는 애들 아빠 차례를 우리가족끼리 지내라 하신다. 이제부터는 정말 사위와 손녀를 포함한 우리가족만의 명절을 지내야 하나보다. 전부치기를 오후 6시 정도 끝낸 후 딸아이 집에 들러 손녀 목욕시키고 딸과 사위의 밥을 챙기고 치우니 11시반정도 집으로 돌아왔다. 허리가 부러지게 아팠다. 다음 날 이른 아침부터 혼자 차례준비를 마치고 아들을 깨워 둘이서 차례를 지냈다. 애들 아빠는 맛있게 드시고 가신 듯하다.

차례 후 어머님께 세배를 가야하니 오히려 일이 하나 더 늘은 셈이다. 아버님 차례를 내가 지낼 때에는 우리 집에서 세배를 하면 끝났는데 말이다. 어머님 집에 들러 세배를 마치고 딸아이 집에 들러 점심을 차려주고 부모님이 기다리시는 동생 집으로 가 부모님께 세배를 드렸다. 아프시지 마시고 오래오래 사시라는 말을 하다가 눈물이 찔끔 나왔다. 구부정한 허리로 다니시는 아버지가 안쓰럽기만 하다. 구정 후 이틀이라도 쉬고 싶었다. 이제 내 나이 예순하나 즉 환갑이다. 생각하지 않으려 해도 환갑이라는 나이가 자꾸 머릿속에 맴돈다. 그래 나도 휴식이 필요해. 고교동창인 친구는 내게 이제 우리가 열심히 여행을 할 날도 10 년 남았다며 잘 생각해보라 한다. 맞다. 내게도 이젠 10 년 남았다. 열심히 일하고 열심히 여행하며 인생의 후반기를 멋지게 보낼 날도…. 환갑을 핑계로 나는 올해 닥치는 대로 여행을 다니리라. 그런데 딸이 딸을 낳았다. 그래도 나는 이렇게 만 하루라도 나만의 시간을 짬나는 대로 가지리라 마음먹는다.

돌아보면 정말 늘 바삐 살아왔다. 대학 졸업 후 15 년을 외국은행에서 근무하며 아이들 둘을 키우다 작은애가 학교 들어갈 즈음 명예퇴직을 하고, 5년 정도 아이들을 키우다 먼저 가신 아이들 아빠 대신 회사를 하느라 14 년. 상업고등학교 졸업 후 1-2년을 합치면 만 30년 정도 일을 했으니, 그만하면 정말 오랜 시간 일을 한 것 아닌가?

나는 고등학교를 떠올리면 미어터지는 205번 버스문틀을 양손으로 잡으며 미처 닫히지 않은 버스를 올라타며 오라이를 외치던 버스안내양 언니가 가장 먼저 생각난다. 혜화동을 거쳐 중앙청, 북악터널, 서대문 대신고등학교를 거쳐 홍제동까지 오는 동안 수없이 많은 중·고등학교를 거쳐 오게 된다. 그 205번 버스 안에서는 여러 가지 사연들이 많았다. 어떤 여학생은 남학생에게 연애편지를 받았다는 둥 대신고 남학생들은 우리학교 여학생들이 너무 못생겼다고 했다는 둥…, 키가 작은 나는 늘 큰 대자로 남학생들 어깨에 끼어 저 멀리 들린 가방끈을 꽉 붙잡고 놓치지 않으려 애썼던 것 같다.

그 시절의 겨울은 지금의 한겨울과는 비교도 안될 만큼 매섭게 추운날씨였다. 내가 살던 한옥집 댓돌위에는 아침마다 검정색 여학생 구두가 놓여있었다. 추운 날씨에 등교하는 딸래미가 버스타고 갈 때까지 발 시리지 말라고 아버지께서 매일 아침 솥뚜껑 위에 뎁혀 놓았다가 내가 나오는 시간에 맞춰 올려놓으신 것이다. 그 구두를 신으면 버스타고 한참을 갈 때까지 발이 따끈따끈 했다. 그렇게 딸만을 생각하시던 아버지는 지금은 허리가 많이 굽으셔서 구부정한 허리로 어정어정 걸어 다니신다. 어디를 놀러 가면 100미터도 채 걷지 않으시려 하신다. 그래도 나는 모른척하고 무조건 모시고 다닌다. 가시기 전에는 투덜거리며 절대로 안 가신다고 버티시는 아버지이시지만 막상 도착해서는 너무나 좋아하시니 날씨가 좋으면 일 년에 몇 번 여행을 간다. 이틀 연달아 장어구이와 갈치조림을 드시면 조금 기운이 나신다.

얼마 전 출산한 딸아이의 복대를 사러 의료기 상사에 갔더니 어깨부터 내려오는 허리벨트가 있어서 사다드리니 너무 좋다고 하신다. 내가 참 무심했구나 하는 생각이 들었다. 아버지는 허리가 점점 굽어 몸의 절반이 접히실 때까지 어떻게 해드려야겠다는 생각을 하지 못했는데 이제 출산을 한 내 딸의 복대를 사러 득달같이 의료기 상사를 찾으니 말이다. 딸이 버스 타러 갈 때까지 발 시리지 말라고 단 하루도 거르지 않으시고 내 신발을 뎁혀주셨던 아버지셨는데,

정작 나는 별로 해드린 게 많지가 않다.

정말 옛말이 틀리지 않다. '사랑은 내리사랑이라.'고 한 말이…

나는 단 한 번도 부모님이 안계시다는 생각을 해본 적이 없다. 아니 단 한 번도 하고 싶지 않았다. 나의 부모님은 내가 찾을 때, 내가 아쉬울 때 늘 그 자리에 그대로 계셔야 했다. 애들 아빠가 먼저 가신 후 모든 계약서나 집 등기, 하다못해 아파트 관리비까지 챙겨주시던 아버지. 그런 아버지가 올해 들어 우리 집 발길을 끊으셨다. 더 이상 힘이 들어서 우리 집에 못 오시겠다고 하신다. 덜컥 겁이 난다. 어느 날 애들 아빠처럼 홀연히 나의 곁을 떠나실까봐. 그러나 그 누가 흐르는 세월을 막을 수가 있을까?

나는 알고 있다. 언젠가는 생각만 해도 가슴시린 그 날이 오리라는 것을.

내 나이 예순하나. 어느 새 이렇게 되었나?

딸아이의 딸을 잠시 보는데도 허리가 부러지게 아프다. 잠시 생각해 보았다. 내가 우리 딸이 아기였을 때에도 이렇게 허리가 아팠었나? 그런 것 같지는 않다.

그래, 내 나이 예순하나. 나는 올 해 누군가가 여행을 가자고 하면 얼씨구나 따라나설 것이다. 딸아이의 눈치를 보면서라도 호시탐탐 여행의 기회를 노리리라. 언제까지 일만 하다가 갈 수는 없지 않은

가? 우리 임직원들도 이해해 주겠지.

회장님이 올해 예순한 살 환갑이라는 것을….

박미례 (서울여상 49회)

04
어떤 결혼식

"저는 정년퇴직 후에 반송을 키우고 싶습니다."

"반송이 뭔가요?"

"둥그렇게 옆으로 퍼지며 크는 소나무입니다."

34 년 전 남편과 첫 만남에서 주고받은 대화입니다. 실버타운 이야기와 세트로다가~ 사귀기는커녕 요즘말로 썸도 타기 전, 기대 없이 마주한 첫인상에 끌려서 집중하려는 판에 "지하다방 답답하네요. 새해니까 인천바다나 보러갑시다." 앞서는 그를 따라 위층에서 인천행 버스를 타고 송도앞바다 돌덩어리에 앉았습니다. 1월초 바닷바람은 차가웠고, 어색하게, 오만가지 이야기가 오갔지만 기억나는 건 그가 모직머플러를 풀어서 제 자리에 깔아줬다는 사실뿐입니다.

불과 두어 시간 전까지도 전혀 예상에 없던 아주 색다른 인생이

27살 새해를 맞으면서 시작된 것입니다. 그는 제가 근무 중이던 금융기관과 거래하던, 국책연구소 기금관리 담당자였는데, 당시 딸 셋을 둔 전산실장이 하숙방 동기라해서 기혼자로 알고 서비스정신 듬뿍 담았습니다. 가끔씩 용건을 끝내곤 "주말 잘 보내셨나요?" 물으면 "네 죙일 잤습니다." "이번 주말은요?" "곗날입니다. 회비 걷어 왕창 묵고 여름휴가 가는 모임" "그럼 다음 주에 봅시다."길래, 동료에게 물었습니다. 백씨가 유부남 아니었냐고? 총각이고 또 주요 거래처니까 만나보고 뜻을 전하라 길래 서울역 앞 삼화고속 지하다방을 간 것입니다.

"얼굴을 모르니까 제가 옆구리에 신문지를 낄까요?" 했더니 "아뇨, 제가 알아볼 수 있을 거 같습니다." 그런데 시끄럽고 어두운 터미널 다방에는 시간을 기다리는 홀로남이 많아서 그 테이블마다 기웃거리다 결국 구석탱이에서 즐겨보던 그이를 만났습니다.

그렇게 만나 반송이야기와 송도바다를 간 거지요. 코미디처럼~. 그런데 돌덩어리에서 내려올 때는 밀물이 발등까지 차올랐고 그는 등을 보이며 "업히십시오. 둘 다 젖을 필요가 있습니까?" 고민도 잠시 새로 산 가죽 통부츠가 걸려서 업힌 채로 "이 부츠는요, 우리아버지가 쌀 한가마 값을 두 발로 끌고 다닌다고 뭐라셔도 못들은 척 했었구요, 아직 할부도 안 끝났어요. 꿍얼꿍얼~"

그날부터 8개월 연애하고 그가 독감으로 앓던 날, 약봉지를 건네

면서 자발적으로 제가 "나이도 심란한데 뭘 믿고 내게 시집오란 말도 안합니까?" 물었더니

"어서 합시다, 결혼~ 여자분들 준비기간이 필요합니까?"

"맞벌이 싫다시니 후임자 인계까지 한 달은 걸리겠죠?"

"그럼 한 달 후 토요일에 합시다. 일요일 예식은 민폐니까요."

그렇게 요상한 만남 후 10달 만에…, 백 코너~ 35세~ 5형제 중 3번…, 홍 코너~ 27세~ 5자매 중 1번이 미니사파이어 박은 커플링만 나누고서 딴딴따를~. 피차 꼼꼼하고 의심 많고 확인 사살 스타일인데 어찌 이런 결정을 후다닥 내린 건지 지금도 묻곤 합니다. 그렇게 두 딸을 낳으며 10 년 전업주부로~ 취미삼아 다녔던, 화실 사부가 차린 디자인 사무실에서 20여 년 맞벌이~, 지금은 남편이 상주하는 삼밭골 마을회관 2층에서 밥 당번을 하면서 서울집, 세종 딸집, 엄마네까지 뺑뺑이 돌고 있습니다.

남편의 반송농장은 19 년 전 그의 나이 50 살에 마련했습니다. IMF 위기 때 자동으로 중간 정산된 퇴직금을 털어서 넓고 싼 땅을 찾아 포천 삼밭골로 정했는데, 오붓하고 인심 좋은 마을입니다. 유리창이 큰, 멋진 집을 지어서 반송이 팔릴 때마다 여행을 하자던 공약은 요원하고 인건비를 아끼려 4계절 내내 그는 반송을 매만지고 있습니다.

어쩌면 나의 결혼은 통부츠와 반송과 엄마 때문입니다. 아버지가

힘들게 할 때마다 엄마는 사윗감의 3대 조항을 강조하셨는데, 키가 커야하고, 나이 차이가 좀 있어야하며, 아침에 나가서 저녁에 들어오는 월급쟁이로 정하신 건 아버지를 겨냥한 지적입니다만, 백서방이 3대 조항에 해당돼서 결혼한 셈이니까 엄마의 세뇌도 원인입니다.

연애 때는 서로 다름이 매력이지만 결혼 후엔 불편입니다. 어느 한쪽이 양보해야하는~ 8살의 세대 차이는 당사자끼리는 별문제 없었지만 자녀교육이나 너무 상반된 양가분위기가 원인이 되곤 했습니다. 함께 자란 이성 형제가 없으니 심정을 알 리 없고, 다름을 틀렸다고 생각했으며, 결혼 10 년까지는 다퉈보지 않아 화해하는 법도 몰랐습니다. 서로 최선을 다했다는 주장만 하면서요. 후회하는 결혼상대는 아니었지만 제도 자체가 때론 벅차서 적령기를 넘어서는 딸들에게 아무 의견 없이 어느 쪽이든 따라줄 요량입니다. 인연이라면 때가 되면 저도 장모가 되고 손주도 볼 수 있겠지요? 때론 이런 마음이 불안하기도 합니다.

34 년을 살아오면서 2~3 번쯤 냉정한 생각을 했었습니다. 딸들 때문에~ 불효라서~ 동생들이 따라 할까봐 핑계를 댔었지만, 서로에 대한 추억과 측은지심으로 넘겼을 것입니다. 그때서야 상대방 입장이 되어도 보고, 부모님이 편찮으신 작년부터는 남편 곁을 장기

간 비우곤 하는데, 뭐라 하지 않아도 눈치가 보이고, 알량한 솜씨나마 맛나게 먹어줄 땐 짠하다가도 또 티격태격….

지금의 바램은 연로하신 부모님이 고통 없이 몇 해 더 머물러주시고…. 중노동에서 벗어난 남편이 한가롭게 평생의 역작으로 반송 몇 그루와 국화 분재나 만져가며 건강이 허락하는 날까지 좋아하는 여행을 즐겼으면 합니다. 시집 안 간다는 두 딸은 전적으로 본인 의사니까 모르겠고, 이 몸은 정갈한 한 곳에서 심심하게 사람을 기다리며 살고 싶습니다. 언젠가는 그런 날이 오겠지요? 인생사 하나 취하면 하나 내놓아야 한다지요?

그리던 남편의 반송도 행복과 노동의 동행입니다.

홍복희 (서울여상 49회)

05
하늘의 선물

한 해에 한 명꼴로 3 년을 거쳐 삼 남매가 결혼을 하여 내 둥지를 떠났다.

결혼하기도 힘든 시대, 또 결혼을 해도 아이를 낳지 않겠다고 하는 이들이 많은 시대라고 했나? 결혼을 시켜도 자녀들한테 감히 손주는 언제 안겨 줄거냐는 소리를 하지 못하는 시대…. 예전 우리가 살 던 그 시대와는 너무도 다른 그런 시대에 살고 있는 것 같지만, 제일 먼저 딸아이의 임신 소식에 코끝이 찡했던 기억이 난다.

딸이 임신을 했을 때 함께 출산 박람회도 다니고… 이래저래 필요한 물품들을 구입하고 신기해하고 하늘에서 내려오는 선물 받을 준비를 했던 기억이 난다. 필요한지 불필요한지를 생각하기도 전에 예쁘고 신기하면 그냥 사버리기도 하는 그래서 출산준비물이 하나씩 하나씩 쌓여만 갔다. 딸이 출산하려고 진통이 오던 날!! 그 날이 왜 결혼하기까지 아픔이 있는 시댁 조카딸 결혼식이었을까?… 많은 고민 끝에 딸을 입원시키고 나는 결혼식에 갈 수 밖에 없었다. 부랴부랴 결혼식을 끝내고 오는 시간, 딸의 출산 소식을 차 안에서 들었다. 얼굴과 목에 실핏줄이 터져 휠체어를 타고 병실로 들어가는 딸의 뒷모습을 보고 얼마나 미안하고 속상했는지…. 산고의 고통을 혼자 지켜보던 사위는 우리 내외를 보고 안도의 숨을 내쉬면서 쌍코피를 터트렸다. 그렇게 한 생명은 우리 곁으로 선물이 되어 다가왔다.

요즘은 시대가 좋아 산후조리원에서 보름, 산후도우미가 또 집으로 와서 도와주고…. 예전 우리네 친정엄마가 해 주던 시대와는 너무도 다른 시대에 살고 있는 것 같다. 딸네 집이 우리가 살고 있는 집에서 10 분 거리…. 나의 발걸음과 손은 바빠지기 시작했다. 어르고 씻기고 안아주고를 반복하며 하루가 지나고 백일이 지나고 이젠 돌이 지나 자기감정을 드러낼 줄 아는 인격을 갖춘 아이가 되어가고 있다. 어제는 할 줄 몰랐는데, 오늘은 자기표현을 해댄다. 어제는 일어날 줄 몰랐는데 오늘은 무엇인가를 잡고 일어나 자기 스스로 만족해하며 웃어댄다. 박수를 쳐 댄다. 그 모습이 웃겨서 모두가 박장대소하며 웃어댄다. 무엇인가 위험해서 하지 말라고 하면 머리를 땅에 대고 좌절하는 모습, 소위 좌절모드로 들어간다. 그 모습을 지켜보는 우리는 할머니 할아버지가 되어 또 웃어댄다. 그 아이 때문에 웃는다. 그 아이 때문에 시끄러운 속을 달랜다. 그 아이 때문에 살맛을 느낀다.

그 아이가 손주여서 나한테 할머니라는 호칭을 선물했다. 처음엔 익숙하지 않았던 할머니의 호칭이 이제는 익숙해져서 내 입에서도 자연스럽게 나온다. 교회 여러 식구들이 모여 있는 중에도 할머니라고 나에게 찾아온다. 안아달라고 나의 손을, 나의 어깨를 내어달라고 붙든다. 이가 깨질 듯이 꽉 물고 싶은, 그렇게 예쁘게 하늘의 선물은 내 가슴 깊이 소망이 되어 나의 맘을 꽉 채운다. 이제 두 아들들이 시샘이라도 하듯이 임신 소식을 알려왔다. 큰 아들은 8월에, 작은 아들은 9월에… 또, 또 손주를 안겨 준단다.

가슴이 뛴다. 눈에 눈물이 휑 돈다…. 생명들이 태중에서 세상을 보기 위해 애쓰고 있다. 예쁜 마음을 가지고, 예쁘게 태어나 이 세상의 빛을 비출 수 있는 예쁜 아가들이 되기를 기도하고 또 기도한다.

하늘에서 내려온 나의 선물, 하늘에서 또 내려올 나의 선물들!!!!

모두 모두 건강하게 하시고 세상의 빛이 되게 하소서~~~!!!

손정옥 (서울여상 49회)

06
때 놓친 공부였지만 늦은 만큼 천천히 그리고 원 없이

10살 즈음부터인가부터 책으로 둘러싸인 내 방에서 책 읽고 공부하는 것을 꿈꾸었다. 50 년이 지난 지금도 그 꿈은 여전히 진행 중이다. 나는 이번 달 서울대학교 동양사학과에서 석사 학위를 받는다. 2014년 석사 과정에 들어간 지 6년 만이다. 3월부터는 같은 대학원 박사 과정에 진학한다. 2020년 2월 서울대학교 학위 수여자 중에서 내가 가장 나이가 많단다. 학위수여식 단상에 올라가 스피치를 하라는 제안도 받았다. 그러나 '단지 나이가 많다'고 조명 받고 싶지는 않아 사양했다. 계속 공부할 수 있다는 것만으로도 충분히 행복하니까.

나는 중학생 때부터 수업이 끝나면 학교 도서관이 문을 닫을 때까지 책을 읽을 정도로 독서를 좋아했다. 특히 세계사 교과서를 받으면 곧장 통째로 읽어 볼 정도로 역사를 좋아했다. 공부는 잘 했지만 집안 형편이 어려웠다. 부모님께서는 남동생을 대학에 보내야 하니 내게 여상을 가라고 권하셨다. 나는 서울여상에 진학했다. 부모님 말씀을 거역한다는 생각은 아예 하지 않았던 것 같다.

서울여상에서 비슷한 수준의, 같은 형편의 친구들과 공부하면서 나는 그때를 좋게 기억한다. 특히 3학년 이양자 선생님의 역사 수업은 역사를 좋아하던 내게는 최고로 행복한 시간이었다. 선생님께서는 역사를 에피소드와 인물 위주로 재미있게 들려주셨다. 1 년뿐이었고 우리 학년을 마지막으로 선생님께서는 대학 강단으로 가셨지만, 40 년이 지난 지금도 나는 그분의 영향 밑에 있다. 이제 나는 서울대학교 일반대학원 사학과(동양사 전공)의 이양자 선생님 직속 후배가 된 것이다.

서울여상을 졸업한 후 은행에 취직했고, 나는 결혼과 육아 그리고 시어머니 간병으로 바쁜 20~30대를 보냈다. IMF 사태의 충격까지 해소된 2004년 44살의 나이로 한국방송통신대학교 문화교양학과에 입학할 때까지, 나는 이양자 선생님은 물론 역사까지 잊고 살았다.

나는 방송통신대학교에서 문화교양학과 · 중어중문학과 · 영어영문학과 · 일본학과 등 네 개의 학위를 받았다. 그 10 년 동안 나는 매일 아침 5시부터 두 시간씩 공부했다. 그렇게 공부할 수 있었던 원동력은 문화교양학과 첫 학기 성적 때문이었던 것 같다. 평점 4.3 만점에 4.28로 성적이 너무 좋았다. 그렇게 즐겁게 공부했는데도 성적이 이렇게 좋다니. 내가 공부를 잘한다는 사실을 그때 처음 알았다. 그리고 내가 역사를 얼마나 좋아했었는지를 기억해 냈다.

역사를, 그것도 중국 역사를 공부하려면 무엇을 어떻게 해야 할까를 고민하던 내게 방송통신대학교 교수님께서 권하신 것은 종합대학교 강의 청강이었다. 2006년 3월 어느 날, 나는 단지 집에서 가장 가깝다는 이유 하나로 무작정 서울대학교 동양사학과 중국고대사 수업에 들어가 강의를 청강하고 싶다고 말했다. 서울대학교는 그 나이 든 청강생에게 무척이나 친절했다. 교수님들은 청강 희망을 거절한 적이 없었고, 학생들은 학습 자료 전달과 조별 학습에 배려가 넘쳤고, 심지어 청소하는 분들조차 항상 인사를 건네주었었다. 한 학기에 한두 과목씩 청강을 들은 8 년 동안 나는 역사를 공부할 수 있어서 행복했고, 주변의 친절과 배려에 편안했다. 2013년 여름, 나는 감히 서울대학교 동양사학과 대학원에 입학하겠다고 마음먹었다. 아마도 8 년 동안 젖어 있었던 행복감과 편안함 때문이었을 것이다. 너무 간단한 자기소개서, 있는지도 몰랐기에 당황해서 더듬거리며 치른 구술시험, 기억이 나지 않아 쓰다 만 지필 시험에도 불구하고 합격했다.

일반 대학교를 다녀 본 적이 없는 나는 대학원에 입학하면서 (나답지 않게) 많이 걱정하고 긴장했다. 그래서 친정어머니께 대학원 학비 1500만 원을 달라고 요구했다. 이것은 아무리 힘들어도 중도에 그만두지 않겠다는 나 나름의 '背水의 陳'이었다. 그런데 내가 어머니 돈으로 대학원에 간 것이 결과적으로 내가 어머니께 한 가장 큰 효도가 되었다. 공부를 잘 했는데도 대학에 보내주지 못한 맏딸이 노년의 부모님께는 '아픈 손가락'이었다. 등록금을 내주시고 어머니는 시험이 어떻고, 성적이 어떻고 하시며 '학부모 노릇'을 즐기셨다. 지금 어머니는 치매로 요양원에 계신다. 당신 아이들 이름도, 심지어는 아이가 몇인지조차도 제대로 기억 못 하시는 분이 내게 "너 지금 교수지?"라고 물으신다. 늦게나마 당신 돈으로 맏딸을 대학원에 보내며, 어머니는 그 딸이 대학교수가 되는 기대를 하셨던가 보다.

무려 열두 학기의 내 대학원 생활은 당연히 좌충우돌의 연속이었다. 주부인 내가 챙겨야 할 집안일은 계속 생겼다. 입학한 해 6월에 딸이 결혼하고 그 다음해 말 프랑스로 이주했다. 친정엄마라는 사람이 국비연수로 대만에 묶여 있을 때 딸은 프랑스에서 손녀를 낳았다. 그리고 이어 손자도 낳았다. 챙기고 돌봐줄 사람이 나 밖에 없었던 어머니는 건강이 점점 나빠져서 급기야 영양실조에 치매로 입원하셨다가 요양원에 모실 수밖에 없었다. 이런 일들을 처리하면서 나는 매 학기 수업을 듣고 보고서를 써야 했다. 일은 많았지만 다행히 나는 인복 또한 많았다. 사돈 내외분이 프랑스까지 가셔서 손주들을 돌봐주셨고, 딸은 내게 어떠한 불만도 내비친 적이 없다. 6개월 동안 집을 비워도 남편과 아들은 불평하지 않았다. 학업 또한 실수 연발이었지만 대학원 선배들은 동양사학과 특유의 배려로 미숙한 나이 많은 후배를 감싸 주었다. 지금 받는 석사학위는 나 혼자 이룬 것이 아니다. 가족, 사돈 내외분, 학과 교수님과 선후배들이 도와주었기에 이룰 수 있었다. 감사하고 또 감사할 일이다.

2020년 3월, 60살의 나이로 나는 박사 과정에 입학한다. 16 년 전 방송통신대에 입학할 때, 6 년 전 서울대학교 동양사학과 대학원에 들어올 때와 마찬가지로 다시 새로운 시작을 해야 한다. 도전은 언제나 그 불확실성 때문에 약간의 희열과 많은 걱정을 동반하지만 나이 탓인지 경험 탓인지 그 또한 희석되고 무뎌졌다. 이제 내 머리가 따라 줄지에 대한 걱정은 접기로 했다. 그저 내 몸, 즉 눈・어깨・허리・다리가 잘 견디어 주기를 바랄 뿐이다. 그래서 오늘도 나는 그 몸을 갈고 닦기 위해 운동하러 간다. 앞으로 20 년은 계속 공부할 수 있기를 희망하며….

이옥인 (서울여상 50회)

07
서恕를 알다

논어를 읽다가 자꾸 마음에 걸리는 부분이 있어 다음 장으로 넘어가지 못했다. 문득 부산에 계신 여고시절의 선생님, 대학 강단에서 중국사를 가르치시고 많은 저서와 역서를 내신 이양자 선생님이 생각났다. 내년이면 팔순을 맞이하시는데도 여전히 강연 준비에 바쁘시다. 선생님의 블로그에 글을 남겼다.

"선생님, 유월도 벌써 중순이네요. 뻐꾸기 우는 계절입니다.

요즘 논어를 읽고 있어요. 나이가 들어 읽으니 예전과는 달리 아프게 가슴에 와 닿습니다. 그런데 한 단어의 번역에 계속 시선이 머무네요. 제 생각대로라면 다르게 번역할 것 같아 선생님께 여쭙고 싶었어요. 다음 부분입니다.

子貢問曰 有一言而可以終身行之者乎

子曰 其恕乎 其所不欲 勿施於人

자공이 물었다.

“한 마디 말로 종신토록 행할 말이 있습니까?”

이에 공자가 말씀하셨다.

“그것은 서일 것이다. 내가 하기 싫은 일을 남에게 시키지 말아야 한다.”

왜 종신토록 행해야 할 것이 하필이면 ‘서’일까, 내가 하기 싫은 일을 남에게 시키지 말아야 하는 것과 ‘서’는 무슨 관계가 있을까 생각하게 되었습니다. 한참을 머물다가 무언가 다른 뜻이 있는 건 아닌 지 찾게 되었어요. 서恕에는 용서라는 뜻 외에도 인자, 사랑, 어짊, 남의 처지에 서서 동정하는 마음 등의 뜻이 있더군요. 그래서 이렇게 써 보았습니다.

“그것은 나와 같이 남을 생각하는 것이다.

내가 하기 싫은 일을 남에게 시키지 말아야 한다.”

이렇게 서恕를 ‘나와 같이 남을 생각하는 것’이라고 쓰고 이해해도 될까요?”

잠시 후 선생님의 답글이 올라왔다. 논어의 목차 제1편 학이學而부터 제20편 요왈堯日까지를 상세히 나열하시고 그 중 어느 편인지 물으셨다. 제15편 위령공衛靈公인데 몇 번인지는 나와 있지 않다고 말씀드렸더니 바쁘신 와중에도 직접 찾아내 답을 주셨다.

"15장 23번이네. 네가 번역하고 싶은 대로 하면 맞다. 서恕 자를 자세히 보면 마음이 같다는 것이 아니냐. 한자를 잘 새겨봐. 같을 여如 밑에 마음 심心이니까 남의 입장으로 생각하는 역지사지의 뜻이고 타인에 대한 배려와 사랑을 말한다. 즉, 서는 덕의 실마리라고 할 수 있단다."

아, 그렇구나…. 서恕에는 '마음이 같다', '마음을 같게 하다'는 뜻이 숨어있구나! 그 순간 도저히 이해할 수 없어서 마음의 벽이 쌓여 있던 시어머니의 얼굴이 떠올랐다.

3 년 전 나는 서울에서 짐을 싸서 시골로 내려왔다. 아들과 딸이 독립하게 되면서 더 이상 일찌감치 귀농한 남편과 떨어져 살고 싶지 않았고, 기력이 없으신 구순의 홀어머니 봉양에 힘겨워하는 남편을 편안하게 해주고 싶어서였다. 그런데 시어머니와 함께 산다는 것, 같은 공간에서 숨 쉬며 살아간다는 것이 이렇게 힘들 줄은 꿈에도 생각지 못했다. 멀리 떨어져 살 때는 순박하고 성품이 훌륭하신 분이었는데, 가까이에서 보는 시어머니는 약간의 치매가 있는 고집불통의 노인일 뿐이었다. 나는 본 적도 없는 그릇이든 옷이든 찾다가 없으면 모두 내가 버렸다고 탓하셨고 심지어 돈이 없어졌다며 나를 의심하실 땐 가슴이 쓰라려 잠을 이루지 못했다. 위험하다고 아무리 말려도 비탈진 밭두렁에 매달려 풀을 뽑거나 산기슭을 헤치며 낙엽들을 쓸어 담느라 몸을 다쳐도 좀처럼 고집을 꺾지

않으셨다.

어느 여름날엔 몰래 밭일을 하시곤 기운이 없어 밤에 변을 보러 일어나지 못해 뒤척이느라 방안 곳곳에 흔적을 남겨 악취로 숨을 쉴 수가 없었다. 비위가 약한 나는 밥을 먹는 것조차 힘들어 그간 어머니는 몸무게가 5kg이 늘었지만 나는 7kg이 빠졌다. 몸이 마음처럼 움직여주지 않음에 짜증을 내시며, 남편과 한 편이 되어 밭일을 못하게 한다고 오히려 나를 원망하시는 어머니를 보면서, '도대체 왜 저러실까, 내가 어머니라면 저렇게 살진 않을 텐데' 라는 마음이 눈처럼 쌓여만 갔다. 급기야 가슴이 답답해 숨을 쉬기조차 힘들어 병원을 찾았다. 위내시경을 해보고 의사의 권유로 복부 초음파를 찍어보기도 했지만 아무 이상이 없었다. 결국 의사가 우울증 약을 처방해 주겠다는 말에 놀라서 황급히 병원을 나와 버렸다. 어떻게 하면 이 상황을 잘 극복할 수 있을까. 선배들의 조언을 구하기도 했지만 도움이 되지 않았다.

조선시대 신흠은 '모든 병은 다 고칠 수 있지만, 사람이 속된 병은 고치기 어렵다. 속된 병을 고치는 데는 오직 책이 있을 뿐이다'라고 했기에 좋아하는 책 읽기에 다시 몰두했다. 덮어두었던 독서록을 펼치고 간절함을 담아, 예전처럼 알기 위한 독서가 아니라 실천하기 위한 독서를 시작했다. 그것은 마치 협심증 환자가 응급 시 니트로글리세린을 입에 넣어 순식간에 막힌 혈관을 흐르게 하듯 나를 위한 처방을 찾고 있었는데, 오늘 논어를 읽다가 바로 그 니트로글리세린을 찾은 것이었다. 공자가 평생토록 실천해야할 한 마디가 서恕라 했는데, 나는 어머니와 마음을 같게 하려는 노력을 지난 3 년간 얼마만큼 해왔는가. 인간은 누구나 나이 들면 병들고 늙어가는 것인데, 나는 저렇게 늙어가지 않으리라고, 늙어도 추하지 않으리라고 어떻게 단언할 수 있을까. 그것이야말로 석존이 지적한 젊음의 오만이 아니고 무엇이겠는가. 나도 구순이 되면 어머니처럼 내가 좋아하는 일에 더 집착하고 더 고집스러울 수 있으리라고 왜 생각지 않는가. 내 마음도 어머니와 같으리라는 것을 인정할 수 없었기에 그 마음을 헤아리려 하지 않았던 것이다. 과연 서恕 라는 한 마디는 평생토록 행해야 할 지침이 되기에 충분하다고 느꼈다. 뜨겁게 기쁨이 차오르면서 내 마음 속의 빙벽이 녹아내리고 있었다.

"선생님, 서恕라는 말의 진정한 뜻을 알게 되니 너무나 기쁘고 감사합니다. 종신토록 행해야 할 한 마디로 삼겠습니다." 라고 감사의 뜻을 전하면서 한 마디를 덧붙였다.

"용서라는 말이 특별하게 느껴지네요."

곧이어 선생님의 답글이 올라왔다.

"그래… 나도 용서할 서恕자가 내 마음과 같다는 뜻풀이에 감동했단다. 그러니 용서의 진정한 뜻을 알게 했구나." 라고 하시며 한

자의 뜻풀이가 다양하고 오묘하기가 이를 데 없음을 배워가면서 점점 느낀다고 하셨다.

恕여, 恕여! 공자께서 恕는 앎(知)에 있지 않고, 行에 있음을 가르치시게 한 恕여!

이경옥 (서울여상 50회)

08
이양자 선생님과의 진정한 만남

2014년 2월 구정이 지난 어느 날 해운대, 봄이 시작되는 봄 바다에서 처음 이양자 선생님을 뵈었습니다. 당시에 미국에서 잠깐 한국에 다니러 왔던 정숙언니와 영도에 사는 애경언니와 같이 선생님을 뵙고 식사를 하고 해운대 바다로 갔습니다. 그리고 바닷가 모래사장에서 두툼한 겨울 코트를 입고 해운대 동백섬과 높은 건물과 바다를 배경으로 사진을 찍었습니다. 그 때 선생님께서는 이렇게 말씀해 주셨습니다.

"서른아홉 살의 선생님은 일흔네 살이나 되었고, 열아홉 살의 여고생은 쉰네 살이 되어 만났습니다!"

저는 여고시절 이양자 선생님으로부터 직접 수업을 들어본 적이 한 번도 없었습니다. 학급 수가 많아서 두 분 역사 선생님이 나누어서 가르치셨기 때문입니다. 여고시절 선생님을 먼발치에서만 뵈었을 때 선생님의 인상은 매우 완벽하신 모습, 다소 차갑고 이지적인 모습이셨던 기억이 납니다. 그런데 35 년 만에 가까이서 뵌 선생님은 너무나 다정하고 활기가 넘치시고 따스하게 저를 대해주셨습니다. 저는 다시 여고생이 된 듯하였습니다. 선생님과의 첫 만남 이후 설레는 마음으로 날마다 선생님의 블로그에서 좋은 글과 선생님의 시를 읽는 애독자가 되었습니다. 공감표시를 잘 하지는 못했지만 거의 매일 선생님 블로그에 들락날락 거렸습니다. 그러면서 저도 작은 블로그를 시작하게 되었습니다. 선생님과의 부산 해운대에서의 재회 이후 6 년이 다 되어가고 있습니다. 지난 6 년간 선생님과 맺은 사제의 연을 돌아보니 저의 꿈 많았던 여고시절이 연장된 듯도 하고, 더 따스하고 풍성해지는 것 같기도 합니다.

1977년부터 1979년까지의 3 년간의 여고시절!

그 기간은 눈부시게 아름답기도 하고, 고난의 풀무에 푹 담겨졌던 것 같기도 하고, 일생을 함께 정을 나눌 선후배와 친구들, 은사님들을 만난 소중한 때이기도 했던 것 같습니다. 여고시절 가장 잊을 수 없었던 추억 중 하나는 서정주 시인을 모시고 가졌던 '문학의 밤'이었습니다. 봄이면 학교 뒤편 산에 올라가 산딸기를 딴 기억이 나기도 합니다. 저는 특히 뒷산 큰 바위에 누워 구름이 떠다니는 푸른 하늘을 종종 바라보곤 하였습니다. 몇 년 전 옛 교정을 찾아가 보니 "아리수" 회사 건물이 되어 있었습니다.

아리수*

40 년 전
17세 꿈 많은 소녀
곱게 딴 양 갈래 머리 날리며
음악실이었던 팔각정에서
쪼르르 본관으로 갔던 기억
계단이 아닌 사선으로 난 복도
인왕산 자락, 등나무 벤치…
흰색 실내화 신고 갔던
그 널찍한 바위도 그대로 있을까?

양 갈래 머리 땋은 여고생이 누워
바라보던 푸른 하늘
봄날의 산딸기…
지금은 아리수
한강의 발원지가 되었구나!

우리 모두는
각자 맑은 강줄기가 되어
조금 더 좋은 세상을 만들고

나는 나의 근원지에 가서
꿈의 뿌리를 찾는다.

(2017. 2. 22)

*한강의 옛 이름

봄이면 운동장 가는 계단 위로 교화였던 넝쿨진 노란 개나리…. 지금도 개나리와 진달래를 보면 감수성 풍부했던 여고시절의 무악재 교정이 생각납니다. 학도호국단 교련 연습을 늦게 까지 하며 텅 빈 운동장에 홀로 서 있던 기억도 언뜻언뜻 납니다. 풀무에 던져져 연단 받던 의미 있는 시간들이었습니다. 선생님의 팔순을 기념하여 책을 내고자 하신다고 하셨지만 막상 저는 자격이 없다고 생각했습니다. 여고시절에 직접 수업을 한 번도 받아본 적이 없기 때문이라고…. 그러나 지난 6 년간 선생님과의 아름다운 추억과 선생님으로부터의 배움이 얼마나 귀하고 소중한지요. 참스승님과의 진정한 만남이었습니다. 2017년 선생님은 제게도 귀한 책을 보내주셨습니다. 노을빛 구름들이 첩첩 산허리에 아름답게 드리우고, 산 아래는 강물과 억새가 어우러진 멋진 책표지의 <푸른 시의 시인 이양자 시집 "자성의 길목에서">를 받았을 때 얼마나 감사하고 기뻤는지 모릅니다. 저는 줄을 그어가며 시집을 읽고 또 읽었습니다.

"희수라는 생애의 길목에서 감사와 자성과 인간다움에 대해 생각하면서… 누군가에게 미소를 짓기만 해도 베푸는 사람이 될 수 있다는 것… 성공은 결과가 아니라 과정인 것을… 그 과정은 다만 인내였고, 또한 힘찬 최선의 노력이었습니다…. 고난이 있었지만 고난은 또 다른 이름이었고, 아픔은 언제나 행복을 옵션으로 가져다주었습니다. 따뜻한 마음으로 생을 다할 때까지 서로의 마음을 잇는 고운 시를…"

책 서두에 쓰신 선생님의 말씀 한마디 한마디가 너무나 공감이 되고 감동이 되어, 마치 줄탁동시와 같이 저의 내면의 무언가를 톡톡 자극해 주시는 것 같았습니다. 선생님의 시 '삶과 죽음'에서 "인간의 의미는 성취한 것에 있지 않고 오히려 그토록 성취하고자 하는 열망에 있다 했습니다." 글귀가 특히 마음에 깊이 와 닿았습니다. 여고를 졸업하고, 성취를 갈망하며 직장과 대학을 다니던 주경야독의 시절, 인생의 진정한 의미가 어디에 있는가를 찾았습니다. 그런데 인생의 의미가 내면에 간직된 열망에 있다고 하시는 선생님의 시를 통해 제 속에 있는 열망이 무엇인가 생각해보게 되었습니다. 선생님의 시를 읽으며 선생님의 경험에서 나오는 깊은 가르침은 저의 마음에 깨달음으로 차곡차곡 간직되었습니다. 그리고 이것은 정서와 마음까지도 함께하는 이양자 선생님과의 진정한 만남이었습니다.

"사랑은 다시 시작케 하는 힘입니다.

지쳐 주저앉은 나를 일으키는 동력입니다.
새로운 길을 열어주는 가능성입니다."

"봄은 혁명처럼 온다." "다듬은 은빛 광채 정말 고와라."
"봄과 우울 그리고 환희… 봄은 소생을 축복하는 희열이다."

"마음을 열면 곳곳에 흐르는 사랑의 물결
빈 인생을 가득 채우는 편안한 기도"
"내 안의 광야에 시와 노래의 씨를 뿌려보자."

"인생은 괴로우나 아름다운 것
모든 것에 감사하고픈 감동을 안고
힘듦 속에서 작은 기쁨을 느껴본다
슬픔도 기쁨도 왜 이리 찬란한가."

"오늘은 망각의 패치를 가슴에 붙인다."
"기나긴 골목길을 벗어나 삶의 원형을 찾는 순간
초조로운 상실은 오히려 추억 속에서 여과 된다."

"이제 기도와 정성으로 삶을 추스르고 싶은 70대…
작은 일에도 감동하며 눈물 흘리는 감성의 바다에 빠져있다….

영원으로 통하는 이 무한공간 속에선 뼛속까지 환히 트이는
청정한 영혼의 물소리 들려라."

"행복, 평안은 어디서 오는가!
마음의 문을 열고 자신의 내면을 정관해 보는 시간"
"시인에게 가난은… 눈물이 아닌 힘이다"
"고단한 날들은 빛나는 행복을 여는 새벽…"

선생님의 詩句 한 마디 한 마디는 깊은 울림이 되어 저에게 많은 감동과 가르침과 혜안을 주었습니다. 그러던 중에 2019년 2월 선생님은 남산 문학의 집에서 이루어진 선생님의 수필등단 신인상 축하식에 저를 초청해주신 것입니다. 저는 처음으로 남산의 문학의 집을 가보게 되었습니다. 가슴이 콩닥콩닥 뛰었습니다. 아! 이런 곳이 있구나! 저는 선생님 등단 축하식 이후 여기저기 돌아보다가 남산 문학당에서 하는 "영미문학 산책" 광고를 보고 등록을 하였습니다. 그리고 지난 봄 12번의 강의를 듣게 되었습니다. 여중 때 가졌던 문학의 꿈이 다시 살아나는 시간들이었습니다.

또 선생님은 저를 호출하셨습니다. 5월 15일에 부산 충렬사에서 선생님 강연 "20세기 중국을 빛낸 자매 송경령과 송미령"에 초청해 주신 것입니다. 저는 이 날의 추억을 잊을 수가 없습니다. 드디어 선

생님의 오프라인 수업을 받게 된 것입니다. 여고시절에 못 들었던 선생님의 수업을 받게 된 기쁨과 설렘이 얼마나 컸는지 모릅니다. 선생님은 너무나 활기찬 음성으로 유머와 해박하고 전문적인 역사적 안목으로 짧은 두 시간 동안 방대한 내용을 아주 재미있게 강의해 주셨습니다. 저는 제가 만일 여고시절 선생님의 강의를 들었다면 역사와 국사에 대해 좀 더 눈이 떠졌을 것이라는 생각이 들었습니다. 무조건 암기과목이라 생각하고 제일 싫어했던 과목이었기 때문입니다. 그러나 이제라도 이렇게 다시 학생이 되어 나머지 공부를 하듯 선생님의 강의를 들으니 너무나 기쁘고 감사했습니다. 그날은 마침 스승의 날이라 선생님과 함께 저녁 식사를 하며 처음으로 일대일로 인격적인 대화를 할 수 있었습니다. 선생님은 저의 인생이야기를 들으시고는 이렇게 말씀해 주셨습니다.

"밥도 먹고 너의 야망과 인생이야기도 듣고…, 늘 행복하리라 믿어…. 파이팅!!!"

이번에도 자격이 없다며 주저주저 하던 저에게 계속 연락을 주시고 권면해주시는 선생님이 계셔서 저는 너무나 행복하고 감사합니다. 비록 마감일 이틀이 지났지만 그래도 6 년간의 선생님과의 추억과 감사를 이렇게 표현할 수 있게 됨에 너무나 감사를 드립니다. 내년은 선생님은 팔순이 되시고, 저는 60세가 되는 참으로 뜻 깊은 해입니다. 60세가 된 제자를 여전히 애틋하고 자상한 마음과 초강력

긍정 멘트로 격려해주시니, 저는 참 행복한 제자입니다. 늦게나마 선생님의 제자로 편입된 것에 정말 감사를 드립니다. 저는 참 운이 좋은 행복한 제자입니다.

선생님!

시집 서문에서 말씀하신 것처럼,

"따뜻한 마음으로 생을 다할 때까지 서로의 마음을 잇는 고운 시"를 저도 써보도록 줄탁동시啐啄同時 해주셔서 정말 감사를 드립니다. 언제나 건강하시고 샛별처럼 빛나는 시가 흘러넘치시길 기도드립니다!

팔순 생신을 축하드립니다!

고애련 (서울여상 50회)

09
삶은 고운 빛깔로 물들어 가는 것

며칠 전 [82년생 김지영] 영화를 보았다 소설은 보지도 않았으며, 페미니즘이란 거대한 담론을 얘기 하고자 하는 것도 아니다. 나는 41년생이니까 40 년이나 세대 차이가 난다. 무엇 때문에 산후 우울증이 생길까? 나는 아이 셋을 낳아 젖 먹여 키우면서 생활은 쪼들려도 기쁘기만 하고 늘 마음은 가득했는데…. 물론 시대적 차이와 세대 차이가 있으니 같을 수가 없다. 문제는 자기를 찾고 바로 세우기 위한 자기 일의 문제였다. 결국 지영이도 국문과 출신의 재능을 살려 신문이나 잡지에 글을 싣기 시작하면서 자신을 똑바로 세우고 살아갈 의욕을 되찾는 모습으로 클로즈업 된다.

지금도 가만히 지나간 나 자신을 생각하면 늘 공부해야한다는 열망과 강박관념에 시달리며 살았다. 석사과정만 마치고 25세에 결혼하여 연달아 애를 낳았으나 매일 저녁 애들 재워놓고 발치에다 작은 상을 놓고 앉아 논문 쓴다고 헤매었다. 공부를 해야 한다. 논문을 써야한다…. 결국 2 년여의 세월이 지나 석사학위를 받을 수 있었다. 그 이후 오늘에 이르기까지 50 여년의 세월이 흘렀다. 그 세월동안 나는 학위도 받으면서 내가 전공한 중국사라는 학문에 대해 끊임없이 도전하였다. 대학에 재직하는 동안은 잘 가르치는 것도 중요하지만 논문 업적 쌓기도 중요했다. 가르치고 논문 쓰고 번역하고 강연 다니고…, 늘 바쁘기만 했다. 어쩌다 쉬면서 TV를 보기라도 하면, '내가 이런 여유가 있나?'를 몇 번이나 자문했을 정도였다.

그러다가 2006년 65세에 정년퇴임을 했다. 몇 년 후 남편이 암으로 세상을 떠났다. 나에게서 모든 것이 떠나간 것이다. 애들은 이미 다 결혼해 떠났고, 남편도, 직장도 다 떠났다. 그러나 나는 공부까지 떠나보낼 수는 없었다. 다시 나를 붙들고, 일으켜 세우기 위해 계획표를 짜고 새삼 배우러 다니고, 번역하고 책을 쓰고 하기를 계속했다. 기회란 모든 것이 준비된 사람에게만 찾아오는 것이 아니라 오히려 무언가를 찾고자 하는 사람들에게 발견되는 것이다. 또한 가슴에 별을 간직한 사람은 어둠 속에서 길을 잃지 않는다는 말이 있지 않은가?

늙는다는 것은 겉모습이나 피부가 늙을 뿐 공부하는 능력이나 이해력까지도 늙는 것은 아니었다. 늙어도 공부는 할 수 있었고 강연도 할 수 있었다. 거기에다 처녀 때의 로망이었던 문학에도 나는 도전장을 내밀었다. 부산대학교 평생교육원에서 시 창작과 수필을 몇 학기씩 수강하며 공부한 결과 서툴지만 시도 수필도 등단하는 기쁨을 누렸다.

"곱게 잘 늙어 장수하는 데에는, 네 가지 요건을 갖춘 분들이 대부분이었다."는 장수연구학자의 말을 기억한다. "첫째, 모두가 자신의 일은 자신이 다 한다. 둘째, 모두가 남을 도우는 일에 열심이었다. 셋째, 모두가 배우는 일에 손을 놓지 않았다. 넷째, 모두가 좋은 인간관계를 맺고 있었다." 고 했다. 그래서 "1.하자 2.주자. 3.배우자 4.맺자" 이 네 가지면 된다고 하니 얼마나 좋은 일인가.

나는 나 자신의 일은 스스로 하며, 다른 이에게 따뜻한 말 한마디라도 놓치지 않으며, 논어도 주역도 맹자도, 시도 수필도 배우며, 그 과정 속에서 많은 좋은 인간관계를 맺고 있다. 활기차고 즐겁고 보람 있는 삶을 영위하려고 늘 애쓰며 산다. 삶이란 나이가 들어서 늙어가는 것이 아니고 곱게 물들어 가는 것임을 느낀다. 인생은 나이로 늙는 것이 아니고 이상의 결핍으로 늙는 것이라 하지 않았던가!

그렇게 살아오는 동안에 벌써 나의 인생 나이 석양처럼 저물어가는 80에 이르렀다….

팔순의 나이를 맞으며

여태껏 언제나
여지없이 나를 닦달하며
부지런히 삶을 밟고 또 밟아왔다.

후회와 안달은 이제 그만
어디서든지 나를 똑바로 세우고
자유롭게 그냥 가득 채워 나가자.

이제 팔순의 새해를 맞았다
노력과 의지의 시절은 그만 흘려보내고
평화롭고 따뜻한 총기로 삶을 이어가리.

운경 이양자

우리들의 만남

개나리 노란 꽃그늘 아래 5

여로旅路

기나긴 골목길을 벗어나
삶의 원형을 찾는 순간
초조로운 상실은
오히려
추억 속에서 여과된다.

바람이 분다.
그리움을 씹는 순간
그 차가운 한숨을
가득히 불어내는 심장

다시 들이쉬는 심호흡
망각과 함께
미완의 날개가 퍼득인다.
눈부신 새 시간이 일렁인다.

이양자

선명하게 떠오르는
아름다운 팔각정

인왕산 기슭에 한국의 고전미를 자랑하던

아름다운 학교 전경

2010년 2월
부산에 찾아온 제자들

4.19공원 아카데미하우스에서
49회와 함께

경주 불국사에서
49회와 함께

남이섬에서
49회 제자들과 안훈장

영도 태종대에서
47회 명숙이,
애경이와 정애, 형래

해운대에서
정숙, 애경, 애련과

영도 태종사
수국축제에
종숙이, 현자와

나의 편지를 복사해 가진
50회 제자들

50회
이경옥과 문혜진